Arbeitsbuch 2

Wir

Grundkurs Deutsch für junge Lerner

A2

Gemeinsamer europäischer Referenzrahmen

Ernst Klett Sprachen
Stuttgart

Inhaltsverzeichnis

1. Auflage   1   7   6   5   4 | 2009   2008   2007   2006

Alle Drucke dieser Auflage können nebeneinander benutzt werden,
sie sind untereinander unverändert.
Die letzte Zahl bezeichnet das Jahr des Druckes.

Giorgio Motta
Wir – Ein Grundkurs für Jugendliche
italienische Ausgabe
© Loescher Editore, Turin 2002.

Wir – Grundkurs Deutsch für junge Lerner
internationale Ausgabe
© Ernst Klett Sprachen GmbH,
Klett Edition Deutsch, Stuttgart 2003
Alle Rechte vorbehalten.

Nach der neuen Rechtschreibung (Stand: August 2006).

Internet: www.klett-edition-deutsch.de
E-Mail: edition-deutsch@klett.de

Bearbeitung und Redaktion: Eva-Maria Jenkins, Wien
Herstellung: Katja Schüch
Satz: Jürgen Rothfuß, Neckarwestheim
Druck: Appl, Wemding • Printed in Germany
ISBN-10: 3-12-**675761**-8
ISBN-13: 978-3-12-**675761**-4

ISBN-10: 3-12-**675761**-8
ISBN-13: 978-3-12-**675761**-4

9 783126 757614

Kannst du inline-skaten?

❶ **Was passt zusammen?**

Verbinde und schreib dann Sätze wie im Beispiel.

1. inlineskaten   **a.**   ⚽   _____

2. Comics lesen   **b.**   🏸   _____

3. Tennis spielen   **c.**   👟   *Ich fahre Inlineskates.*

4. Fußball spielen   **d.**   🖲   _____

5. fernsehen   **e.**   🖥   _____

6. am Computer spielen   **f.**   📚   _____

❷ **Was kannst du? Schreib dann Sätze wie im Beispiel.**

☺   ☹

schwimmen   *reiten*

Ich kann schwimmen, aber ich kann nicht reiten.

❸ Was können sie? Was können sie nicht?

Schreib Sätze wie im Beispiel. (👍 = gut; 👍👍 = sehr gut; 👎 = nicht)

	Tennis	Fußball	schwimmen	Ski fahren	reiten	Rad fahren	inline-skaten
Timo		👍	👍👍	👎			
Eva	👍			👍👍			👎
Martina			👎	👎	👍👍		
Rudi		👍				👍	👎
Klaus	👎		👎		👍		👍👍

Timo kann gut Fußball spielen. Er kann sehr gut schwimmen. Aber er kann nicht Ski fahren.

_____

_____

_____

❹ Interviews: Wie heißen sie? Welche Sportart machen sie?

Name			
Sportart			

❺ Was passt zusammen? Sprecht zu zweit.

1. Kannst du surfen?

2. Könnt ihr Tennis spielen?

3. Lukas will Deutsch lernen.

4. Kommst du mit ins Schwimmbad?

5. Ich will schwimmen lernen.

6. Kann ich den Ball haben?

a. Ja, aber jetzt wollen wir nicht spielen.

b. Ich kann nicht, ich muss lernen.

c. Nein, aber ich will es lernen.

d. Dann muss er einen Deutschkurs besuchen.

e. Tut mir leid. Ich will jetzt spielen.

f. Dann musst du einen Schwimmkurs besuchen.

6 **Ergänze die Tabelle.**

	können	**müssen**	**wollen**
ich			will
du	kannst		
er, sie, es			
wir			wollen
ihr	könnt	müsst	
sie		müssen	
Sie			

7 **Was musst du jeden Tag machen? Was möchtest du jeden Tag machen?**

Schreib Sätze wie in den Beispielen.

Ich muss früh aufstehen.   *Aber ich möchte bis 10.00 Uhr schlafen.*

Ich muss   *Aber ich möchte*

_____   _____

_____   _____

_____   _____

_____   _____

_____   _____

8 **Was willst du? Was brauchst du?**

Schreib Sätze wie im Beispiel.

1. Tennis spielen   **2.** reiten   **3.** Ski fahren   **4.** surfen   **5.** schwimmen   **6.** Rad fahren

a.   **b.**   **c.**   **d.**   **e.**   **f.**

1.d: Ich will Tennis spielen. Ich brauche einen Tennisschläger.

_____

_____

_____

9 **Was sucht Stefan? Warum?**

Schreib Sätze wie im Beispiel.

Stefan sucht die Skier. Er will Ski fahren. _____

_____

_____

_____

_____

_____

10 **Ergänze: _können_ oder _müssen_?**

1. Ich _____ nicht kommen. Ich _____ noch lernen.

2. Stefan _____ nicht kommen. Er _____ Hausaufgaben machen.

3. Wir _____ nicht kommen. Wir _____ arbeiten.

4. Und Sie, Herr Meier? _____ Sie kommen? – Nein, ich _____
ins Büro gehen.

5. Und du? _____ du kommen? – Ja, ich habe Zeit. Ich _____ kommen!

11 **Ergänze: _wollen_ oder _können_?**

1. Klaus _____ schwimmen lernen. Also geht er ins Schwimmbad.

2. Eva _____ gut Ski fahren.

3. Wir _____ heute Abend ins Kino gehen.

4. Was? Du _____ nicht Fußball spielen? Aber alle Jungen _____
Fußball spielen!

5. _____ ich mal dein Fahrrad haben? Ich _____ eine Radtour machen.

⓬ Interviews. Was können Bernd, Sabine und Daniel? Kreuz an.

	Bernd	**Sabine**	**Daniel**
Volleyball	❑	❑	❑
Basketball	❑	❑	❑
Tennis	❑	❑	❑
Ski fahren	❑	❑	❑
Fußball	❑	❑	❑
inlineskaten	❑	❑	❑
schwimmen	❑	❑	❑
surfen	❑	❑	❑
Rad fahren	❑	❑	❑

⓭ Bilde Sätze.

1. ich · heute Abend · wollen · gehen · ins Kino

_____

2. Tina · zu Hause · heute · müssen · bleiben

_____

3. Herr Meier · Englisch sprechen · können · nicht

_____

4. wir · besuchen · wollen · einen Skikurs

_____

5. Tina · Tennis spielen · wollen · und · in den Tennisclub · gehen

_____

⓮ Partnerspiel. Fragt und antwortet frei.

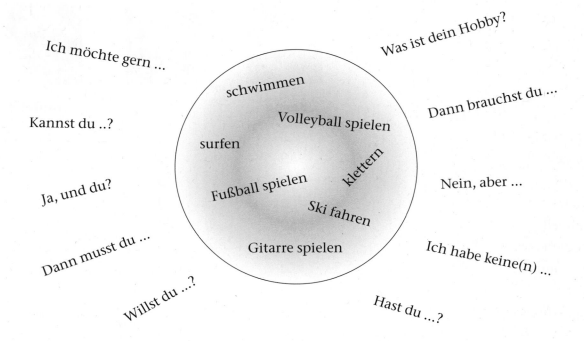

Ich möchte gern ...

Was ist dein Hobby?

Kannst du ..?

Dann brauchst du ...

surfen

schwimmen

Volleyball spielen

klettern

Ja, und du?

Nein, aber ...

Fußball spielen

Ski fahren

Dann musst du ...

Gitarre spielen

Ich habe keine(n) ...

Willst du ...?

Hast du ...?

⓯ Fragen und Antworten.

Schreib Sätze wie im Beispiel.

Ist das dein Fahrrad? – Ja, das ist mein Fahrrad.

_____

_____

_____

_____

_____

16 *Mein, dein, sein, ...*

Schreib Sätze wie im Beispiel.

1. ich – T-Shirt   *Das ist mein T-Shirt.*

2. er – Sweater

3. sie – Rock

4. du – Roller

5. ihr – Skier

17 *sein oder ihr?*

1. Das Fahrrad von Brigitte: *ihr Fahrrad*

2. Die Jeans von Tina:

3. Der Roller von Markus:

4. Der Pullover von Frau Weigel:

5. Die Schirmmütze von Stefan:

6. Die Sportschuhe von Peter:

7. Das Handy von Herrn Weigel:

8. Der Rock von Tina:

18 **Wem gehört ...?**

Antworte wie im Beispiel.

1. Gehört das T-Shirt Stefan?   – Ja, *das ist sein T-Shirt.*

2. Gehört die Uhr Markus?   – Ja, .

3. Gehört der Walkman Stefan?   – Nein,

4. Gehört der Tennisschläger Tina? – Ja,

5. Gehören die Inlineskates Stefan? – Ja,

6. Gehört das Handy Frau Weigel?   – Nein,

7. Gehört der Anorak Herrn Weigel? – Ja,

⑲ Was passt zusammen?

1. Ist das euer Surfbrett?
2. Ist das dein Walkman?
3. Ist das die Uhr von Stefan?
4. Ist das die Uhr von Tina?
5. Gehört das Fahrrad Markus?
6. Gehört das Auto Herrn und Frau Weigel?
7. Frau Weigel, sind das Ihre Schuhe?

a. Ja, das ist ihre Uhr.
b. Ja, das ist sein Fahrrad.
c. Ja, das ist unser Surfbrett.
d. Nein, das ist nicht mein Walkman.
e. Nein, das ist nicht seine Uhr.
f. Ja, das sind meine Schuhe.
g. Ja, das ist ihr Auto.

⑳ Antworte mit Possessiv-Artikel.

1. Ist das dein Anorak?   – Ja, *das ist mein Anorak.*
2. Sind das deine Jeans?   – Nein,
3. Ist das der Roller von Markus? – Ja,
4. Gehört die Sporttasche Tina? – Ja,
5. Ist das Ihr Handy, Herr Weigel? – Ja,
6. Gehört der Ball euch?   – Ja,
7. Gehört der Sweater Frau Weigel? – Nein,
8. Ist das dein Walkman?   – Ja,

㉑ Ergänze: Akkusativ

1. Ich finde ____*meinen*____ Pulli nicht.
2. Stefan sucht s_____ Walkman.
3. Tina hat i_____ Tennisschläger vergessen.
4. Wir suchen u_____ Fahrrad.
5. Frau Weigel, ich finde I_____ Schuhe sehr elegant.
6. Was suchst du? D_____ Jeans?
7. Eva braucht i_____ Sporttasche.
8. Markus hat s_____ Schirmmütze zu Hause vergessen.

㉒ Ergänze: Possessivpronomen – Personalpronomen

1. Suchst du _*deine*_ Schirmmütze? Hier ist _*sie*_!
2. Sucht ihr e_____ Ball? Hier ist _____!
3. Suchen Sie I_____ Schuhe, Frau Weigel? Hier sind _____!
4. Sucht Brigitte i_____ Minirock? Hier ist _____!
5. Suchen die Weigels i_____ Handy? Hier ist _____!
6. Sucht Markus s_____ T-Shirt? Hier ist _____!
7. Suchst du d_____ Uhr? Hier ist _____!
8. Sucht Tina i_____ Tennisschläger? Hier ist _____!

㉓ Ergänze die Possessiv-Artikel.

1. Peter hat ___seinen___ Tennisschläger vergessen.

2. Tina findet _____ Sweater nicht.

3. Markus sucht _____ Tennisschuhe.

4. Eva hat ein schönes Fahrrad. _____ Fahrrad ist ganz neu.

5. Brigitte hat neue Inlineskates. _____ Inlineskates sind sehr schön.

6. Stefan findet _____ Jeans nicht.

7. Herr Weigel hat ein Handy. _____ Handy ist super!

8. Eva hat einen Sommerpulli. _____ Sommerpulli ist sehr modisch.

㉔ Tut mir leid, ...

Schreib Minidialoge.

● Wo ist mein Roller?
● Tut mir leid, ich finde deinen Roller nicht.

● Wo _____
● _____

● _____
● _____

● _____
● _____

● _____
● _____

● _____
● _____

Spiel die Minidialoge mit deinem Partner.

㉕ Länder und Farben.

Welche Länder haben welche Farben? Mal die Kästchen an.
Verbinde sie mit dem passenden Land.

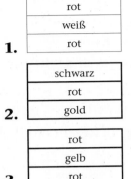

rot	
weiß	
1. rot	

schwarz	
rot	
2. gold	

rot	
gelb	
3. rot	

4. rot / weiß

5. blau | weiß | rot

a. Deutschland

b. Frankreich

c. Schweiz

d. Österreich

e. Spanien

㉖ *Meinen, meine, mein?*

Schreib die Wörter in die richtige Liste.
Schreib mit Farbstiften: blau = maskulin;
rot = feminin; grün = neutral; orange = Plural.

Anorak Stifte Jeans
Schuhe Pullover Inlineskates
Walkman
Fahrrad Sweater Handy
Roller Ball

Ich suche ...

meinen
_____
_____
_____

meine
_____
_____
_____

mein
_____
_____
_____

meine
Plural
_____
_____
_____

㉗ Wie geht der Satz weiter?

Lies laut.

1. Ich suche nicht meine Sportschuhe,
2. Du suchst nicht deinen Sweater,
3. Er sucht nicht seine Skier,
4. Sie sucht nicht ihren Jogginganzug,
5. Wir suchen nicht unseren Roller,
6. Ihr sucht nicht euer Fahrrad,
7. Sie suchen nicht Ihre Sporttasche,

a. sondern euer Surfbrett.
b. sondern Ihren Sweater.
c. sondern unser Fahrrad.
d. sondern meine Inlineskates.
e. sondern deinen Pullover.
f. sondern seinen Tennisschläger.
g. sondern ihr Handy.

㉘ Stell Fragen.

1. _Ist das dine walkman_ ? – Ja, das ist mein Walkman.
2. _gehört des stefan_ ? – Ja, es gehört Stefan.
3. _wast shurst du_ ? – Ich suche meine Uhr.
4. _____ ? – Hier ist sie!
5. _Sint detse dine inlineskats_ – Nein, das sind nicht ihre Inlineskates.

㉙ Lauter Sachen.

Setz die richtigen Buchstaben ein.

Am liebsten fahre ich

			I		R			
	S		N		Y			
	H		L		E			
M		B	I		E	E	O	
	T-	H	N	O	A			
	A	S	E		T	R		
	S	L	S		H	H		
R	W	L	K	M	N			
	J		A	S				
M	U		T	I	B	K		
R	L		E					
T	N	I	S	H	Ä	E		

Lektion 2

Wohin fährst du in Urlaub?

❶ Reiseziele: Wohin fahren sie?

1. Wohin fährt Nina?

_____

_____

2. Wohin fährt Familie Meier?

_____

_____

3. Wohin fahren Max und Sabine?

_____

_____

4. Wohin fahren die Müllers?

_____

_____

5. Wohin fliegt Thomas?

_____

_____

6. Wohin fliegt Herr Schön?

_____

_____

❷ Ergänze mit Präpositionen.

1. Peter fährt heute _____ Gebirge.

2. Im Sommer fahren wir _____ Meer, _____ d_____ Costa del Sol.

3. Die Eltern wollen _____ d_____ Bodensee fahren, aber die Kinder wollen _____ Griechenland.

4. Eva will Italienisch lernen. Also fährt sie _____ Italien.

5. Ich will New York sehen. Also fliege ich _____ d_____ USA.

6. Im Sommer fährt Familie Seitz _____ d_____ Dolomiten.

7. Im Winter fahren wir oft _____ d_____ Schweiz, _____ St. Moritz.

8. Ich fahre _____ d_____ Ostsee. Dort kann man gut surfen.

❸ Wohin fährst du?

1. Ich will Deutsch lernen. Also fahre ich _____ .

2. Ich will Ski fahren. Also fahre ich _____ .

3. Ich will surfen. Also fahre ich _____ .

4. Ich will baden. Also fahre ich _____.

5. Ich will wandern. Also fahre ich _____.

6. Ich will Japanisch lernen. Also fliege ich _____.

7. Ich will New York sehen. Also fliege ich _____

4 In welchem Monat?

1. In welchem Monat fährst du ans Meer? – _____.

2. In welchem Monat hast du Geburtstag? – _____.

3. In welchem Monat fährst du nach Deutschland? – _____.

4. In welchem Monat kann man Ski fahren? – _____.

5. In welchem Monat hast du Ferien? – _____.

5 Hier sind die 12 Monate versteckt. Wer findet sie am schnellsten?

A	T	S	A	U	G	U	S	T	E	R	M	S
L	I	N	K	S	Ä	R	E	N	J	U	L	I
K	S	O	U	C	R	I	P	R	A	N	J	E
E	T	V	A	K	N	S	T	I	N	A	U	R
R	D	E	Z	E	M	B	E	R	U	T	N	S
J	E	M	A	I	I	R	M	T	A	J	I	C
U	R	B	O	K	T	O	B	E	R	U	S	H
I	L	E	S	U	Ü	F	E	B	R	U	A	R
M	Ä	R	Z	C	A	P	R	I	L	I	W	I

6 Bilde Sätze.

1. wir · Garmisch · im · nach · Juli · fahren

Im Juli _____

2. Sommer · ich · im · ans · fahre · Meer

_____

3. Winter · im · schneit · es

_____

4. du · fährst · Urlaub · wohin · in ·?

_____

5. Deutsch lernen · will · und · ich · Deutschland · nach · fahre

_____

6. heute · Wetter · ist · das · wie ·?

_____

7 **Ergänze: *im* oder *am*?**

1. Wann fahren wir ans Meer? _____ Juni oder _____ August?

2. Wann fahren wir nach Berlin? _____ Montag oder _____ Dienstag?

3. Wann fahren wir ins Gebirge? _____ Sommer oder _____ Winter?

4. Wann fährst du in die Schweiz? _____ Mittwoch oder _____ Freitag?

5. Wann fahren wir an den Bodensee? _____ Samstag oder _____ Sonntag?

6. Wann fährt Klaus nach Japan? _____ März oder _____ April?

8 **Wie ist das Wetter in Deutschland? Hör den Wetterbericht.**

Wo ist es sonnig? Wo ist es bewölkt? Wo ...?
Zeichne die Symbole in die Landkarte.

 sonnig   windig

 bewölkt   Schnee

Regen   neblig

 leicht
bewölkt

9 **Wohin fahren die Leute?**

Hör zu und notier die Antworten.

Herr Schwarz   **Frau Kaiser**

	Herr Schwarz	Frau Kaiser
Wohin?		
Wann?		
Wie lange?		
Was?		

❿ **Dialogpuzzle. Arbeitet zu zweit.**

Schreibt den Dialog in der richtigen Reihenfolge.

Allein oder mit der Familie?   Gleich am ersten Ferientag.

Nicht so gern. Aber es gibt da auch einen schönen Bergsee.
Da schwimme ich jeden Tag – wenn es warm genug ist.

Wann fahrt ihr denn?   Ich fahre in die Berge. Wandern.

Und wie lange bleibt ihr?   Was machst du in den Ferien?

Mit meiner Mutter und meiner Schwester.
Vati kann dieses Jahr nicht mit. Er muss arbeiten.

Wanderst du eigentlich gern?   Toll!

Und du? Was machst du in den Ferien?   Drei Wochen!

_____

_____

_____

_____

_____

_____

_____

_____

_____

_____

Spielt den Dialog.

⑪ Ferien auf dem Campingplatz. Michi schreibt in sein Tagebuch.

Lies den Text.

Ich finde Campingferien super! Man ist den ganzen Tag im Kontakt mit der Natur. Wir spielen, machen schöne Wanderungen, essen im Freien. Für meine Mutter bedeutet das natürlich wieder Arbeit, kochen, abwaschen usw. Aber wir helfen alle mit. Na ja, ... wenn das Wetter schlecht ist, machen Campingferien dann keinen Spaß ...

Was stimmt? Kreuz an.

1. Michi meint, Campingferien machen viel Spaß.   ❏
2. Michi macht Campingferien allein.   ❏
3. Michi wandert nicht gern.   ❏
4. Im Urlaub kocht Michi für seine Mutter.   ❏
5. Michis Mutter muss auch in den Ferien arbeiten.   ❏
6. Michi meint, bei schlechtem Wetter ist Camping nicht so schön.   ❏

Was passt? Ergänze.

Michi schreibt: Ich finde _____ schön.

Ich mache _____ mit meinen Eltern.

Auf dem Campingplatz kann man _____ .

Wir machen auch tolle _____ .

Jeden Tag essen wir _____ .

Meine Mutter _____ , aber wir helfen _____ mit.

Wenn es _____ , machen Campingferien keinen _____ .

spielen

im Freien

Spaß   Campingferien

alle   kocht

regnet   Urlaub

Wanderungen

⑫ Wie heißen die Substantive? Ergänze.

Es ist sonnig.   _____ scheint.

Es ist neblig.   Es gibt viel _____ .

Es ist windig.   Es gibt viel _____ .

Der Himmel ist wolkenlos.   Keine _____ am Himmel!

Es schneit.   Es gibt viel_____ .

Es regnet sehr.   Es gibt viel_____ .

⓭ Welche Verben passen?

in Urlaub   *gehen / fahren*

Ferien   _____

im Meer   _____

nach Deutschland   _____

Wanderungen   _____

Deutsch   _____

viel Spaß   _____

ins Gebirge   _____

im Freien   _____

Ski   _____

zu Hause   _____

Campingferien   _____

fahren
gehen   haben
baden   fliegen
schwimmen
lernen
spielen   bleiben
machen

⓮ Stell Fragen.

1. _____?

    Im Winter.

2. _____?

    Im Juli fahre ich ans Meer.

3. _____?

    Nein, ich fahre nicht nach Deutschland.

4. _____?

    Ich will baden und surfen.

5. _____?

    Es ist sehr heiß.

6. _____?

    Dort ist es kalt.

15 Eine Postkarte aus dem Urlaub.

Ergänze mit passenden Wörtern.

> St. Moritz, 28. Dezember
>
> Liebe Brigitte,
>
> wir _____ jetzt schon eine Woche _____
>
> St. Moritz. Das Wetter ist toll! Es _____
>
> und wir können viel Ski _____.
>
> Wir _____ im Alpenhotel. Ich habe ein
>
> Zimmer für mich _____. Das finde
>
> ich _____!
>
> Mir _____ es also sehr gut. Dir hoffentlich auch!
>
> Viele liebe Grüße,
>
> deine Tina

16 Richtig schreiben.

Acht Monatsnamen sind falsch. Streich die falschen Wörter durch und schreib sie richtig.

	richtig
Januar	_____
Febuar	_____
Merz	_____
April	_____
May	_____
Juni	_____
July	_____
Aogust	_____
Septembre	_____
October	_____
November	_____
December	_____

Lektion 3 *Alles Gute zum Geburtstag!*

🎧 **❶ Welches Jahr?**

Schreib die Jahre in Zahlen.

_____   _____   _____

_____   _____   _____

_____   _____   _____

❷ Welches Jahr?

Schreib die Jahre in Zahlen.

1. achtzehnhundertfünfzehn   _____

2. neunzehnhundertzweiundzwanzig   _____

3. zweitausendzwei   _____

4. siebzehnhundertdreiundvierzig   _____

5. achtzehnhunderteinundachtzig   _____

6. neunzehnhundertdreiundsechzig   _____

7. zweitausendeins   _____

8. vierzehnhundertdreiundfünfzig   _____

❸ Wann haben deine Verwandten Geburtstag?

1. Wann hat dein Vater Geburtstag?   – *Am* _____

2. Wann hat deine Mutter Geburtstag?   – _____

3. Wann hat dein Bruder / deine Schwester Geburtstag? – _____

4. Wann hat deine Tante Geburtstag?   – _____

5. Wann hat dein Onkel Geburtstag?   – _____

6. Wann hat dein Opa Geburtstag?   – _____

7. Wann hat deine Oma Geburtstag?   – _____

–

4 **Ergänze:** *werden*.

ich _____

du _____

er, sie es   wird _____

wir _____

ihr   werdet _____

sie _____

Sie _____

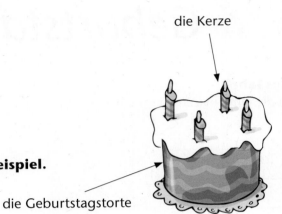

die Kerze

die Geburtstagstorte

5 **Schreib Minidialoge wie im Beispiel.**

Peter → 13

● *Wie alt wird Peter?*

● *Er wird 13.*

1. du → 15

 _____

 _____

2. Eva und Max → 18

● _____

● _____

3. ihr → 16

● _____

 _____

4. die Kinder → 7

● _____

● _____

5. Herr Meier → 41

● _____

 _____

6. Frau Böhm → 36

● _____

● _____

7. deine Oma → 79

 _____

● _____

❻ Feiertage und andere wichtige Tage.

Januar	Februar	März	April	Mai	Juni
1 M Neujahr	1 S	1 S	1 D	1 D Tag der Arbeit	1 S
2 D	2 S	2 S	2 M	2 F	2 M
3 F	3 M	3 M	3 D	3 S	3 D
4 S	4 D	4 D	4 F	4 S	4 M
5 S	5 M	5 M	5 S	5 M	5 D
6 M Hl. 3 Könige	6 D	6 D	6 S	6 D	6 F
7 D	7 F	7 F	7 M	7 M	7 S
8 M	8 S	8 S	8 D	8 D	8 S Pfingstsonntag
9 D	9 S	9 S	9 M	9 F	9 M Pfingstmontag
10 F	10 M	10 M	10 D	10 S	10 D
11 S	11 D	11 D	11 F	11 S Muttertag	11 M
12 S	12 M	12 M	12 S	12 M	12 D
13 M	13 D	13 D	13 S	13 D	13 F
14 D	14 F	14 F	14 M	14 M	14 S
15 M	15 S	15 S	15 D	15 D	15 S
16 D	16 S	16 S	16 M	16 F	16 M
17 F	17 M	17 M	17 D	17 S	17 D
18 S	18 D	18 D	18 F	18 S	18 M
19 S	19 M	19 M	19 S	19 M	19 D Fronleichnam
20 M	20 D	20 D	20 S Ostersonntag	20 D	20 F
21 D	21 F Frühlingsanfang	21 M	21 M Ostermontag	21 M	21 S Sommeranfang
22 M	22 S	22 S	22 D	22 D	22 S
23 F	23 S	23 S	23 M	23 F	23 M
24 S	24 M	24 M	24 D	24 S	24 D
25 S	25 D	25 D	25 F	25 S	25 M
26 M	26 M	26 M	26 S	26 M	26 D
27 D	27 D	27 D	27 S	27 D	27 F
28 M	28 F	28 F	28 M	28 M	28 S
29 D		29 S	29 D	29 D Christi Himmelfahrt	29 S
30 D		30 S	30 M	30 F	30 M
31 F		31 M		31 S	

Juli	August	September	Oktober	November	Dezember
1 D	1 F Schweizer Nationalfeiertag	1 M	1 M	1 S Allerheiligen	1 M
2 M	2 S	2 D	2 D	2 S	2 D
3 D	3 S	3 M	3 F Tag der deutschen Einheit	3 M	3 M
4 F	4 M	4 D	4 S	4 M	4 D
5 S	5 D	5 F	5 S	5 M	5 F
6 S	6 M	6 S	6 M	6 D	6 S
7 M	7 D	7 S	7 D	7 F	7 S
8 D	8 F	8 M	8 M	8 S	8 M
9 M	9 S	9 D	9 D	9 S	9 D
10 D	10 S	10 M	10 F	10 M	10 M
11 F	11 M	11 D	11 S	11 D	11 D
12 S	12 D	12 F	12 S	12 M	12 F
13 S	13 M	13 S	13 M	13 D	13 S
14 M	14 D	14 S	14 D	14 F	14 S
15 D Mariä Himmelfahrt	15 F	15 M	15 M	15 S	15 M
16 M	16 S	16 D	16 D	16 S	16 D
17 D	17 S	17 M	17 F	17 M	17 M
18 F	18 M	18 D	18 S	18 D	18 D
19 S	19 D	19 F	19 S	19 M	19 F
20 S	20 M	20 S	20 D	20 D	20 S
21 M	21 D	21 S	21 D	21 F	21 S
22 D	22 F	22 M	22 M	22 S	22 M Winteranfang
23 M	23 S Herbstanfang	23 D	23 D	23 S	23 D
24 D	24 S	24 M	24 F	24 M	24 M Heiliger Abend
25 F	25 M	25 D	25 S	25 D	25 D Weihnachten
26 S	26 D	26 F	26 S Österreichischer Nationalfeiertag	26 M	26 F Weihnachten
27 S	27 M	27 S	27 D	27 D	27 S
28 M	28 D	28 M	28 M	28 F	28 S
29 D	29 F	29 M	29 M	29 S	29 M
30 M	30 S	30 D	30 D	30 S	30 D
31 D	31 S		31 F		31 M Silvester

1. Wann ist Weihnachten? *Weihnachten ist am* _____

2. Wann ist Silvester? _____

3. Wann ist Neujahr? _____

4. Wann ist Ostern? _____

5. Wann ist Sommeranfang? _____

❼ Trag die Feiertage für dein Land ein.

❽ Was passt zusammen? Spielt die Minidialoge.

1. Ich werde nächste Woche 15.

2. Ich gebe eine Party.

3. Ich komme zu dir.

4. Ich habe Hunger.

5. Ich habe Durst.

6. Ich gehe einkaufen.

7. Ich komme zur Party.

a. Iss einen Hamburger!

b. Sei pünktlich!

c. Bring deine CDs mit!

d. Gib eine Party!

e. Lad auch Markus ein!

f. Trink eine Cola!

g. Kauf Brot und Milch!

❾ Höflich und unhöflich.

Man kann etwas höflich oder sehr direkt sagen.
Sag es einmal sehr direkt (a)! Sag es dann mit „bitte" (b).

höflich

1. Willst du bitte aufstehen?

    a. _Steh auf!_

    b. _Steh bitte auf!_

2. Kannst du bitte einkaufen gehen?

    a. _Geh einkaufen!_

    b. _Geh bitte einkaufen!_

3. Kannst du um 21.00 Uhr zu Hause sein?

    a. _____

    b. _____

4. Willst du bitte Hausaufgaben machen?

    a. _____

    b. _____

5. Kannst du deine CDs mitbringen?

    a. _____

    b. _____

6. Willst du mitkommen?

    a. _____

    b. _____

7. Kannst du bitte Tante Emma anrufen?

    a. _____

    b. _____

❿ Ergänze: _sollen_.

ich	_____
du	_____
er, sie es	soll
wir	_____
ihr	sollt
sie	_____
Sie	_____

⓫ Schreib Minidialoge wie im Beispiel.

Spielt dann die Minidialoge.

um 15.00 Uhr kommen

● *Soll ich um 15.00 Uhr kommen?*
● *Ja, komm bitte um 15.00 Uhr!*

1. Thomas einladen

● _____
● _____

2. einen Kuchen backen

● _____
● _____

3. Getränke kaufen

● _____
● _____

4. CDs mitbringen

● _____
● _____

5. Klaus anrufen

● _____
● _____

⓬ Was passt zusammen?

1. Sind die Ohrringe für mich?

2. Ist das Buch hier für Vati?

3. Sind die Pralinen für den Direktor?

4. Frau Meier, das ist für Sie!

5. Das ist ein Ball für euch, Kinder!

6. Kaufst du die Schuhe hier für dich?

7. Für wen ist das Geschenk hier? Für Mama?

8. Sind die Blumen für mich?

a. Für mich? Oh, danke!

b. Ja, für sie.

c. Ja, sie sind für dich.

d. Nein, nicht für mich, sondern für meinen Sohn.

e. Ja, sie sind für ihn.

f. Ja, es ist für ihn.

g. Nein, sie sind für uns.

h. Für uns? Oh, danke, Opa!

⓭ Wen lädst du ein?

1. Lädst du Peter ein? – Nein, *ihn lade ich nicht ein.*

2. Lädst du Anna ein? – Nein, _____

3. Lädst du Professor Müller ein? – Nein, _____

4. Lädst du Martina ein? – Nein, _____

5. Lädst du Frau Meier ein? – Nein, _____

6. Lädst du Eva und Max ein? – Nein, _____

7. Lädst du mich ein? – Ja, _____

8. Lädst du uns ein? – Ja, _____

⓮ Ergänze: *wer* oder *wen*?

1. _____ soll ich einladen?

2. _____ kommt zur Party?

3. _____ bringt etwas zum Essen mit?

4. _____ siehst du in der Schule?

5. Für _____ ist dieses Geschenk?

6. _____ findest du sympathisch?

7. Für _____ kaufst du dieses Buch?

8. _____ hat heute Geburtstag?

⓯ Stell Fragen.

1. _____?

Am 2. März habe ich Geburtstag.

2. _____?

Ich werde 13.

3. _____?

Ja, bring eine Flasche Cola mit!

4. _____?

Petra und Sabine kommen.

5. _____?

Der Walkman ist für Stefan.

6. _____?

Lad deine Klassenkameraden ein!

⓰ Tina hat Geburtstag.
   Was sagt Brigitte? Was antwortet Tina?

17 Spielt den Dialog zu zweit. Wechselt die Rollen.

Wann Geburtstag? → ...

Wie alt ...? → ...

Party? → ...

Wen einladen? → ...

Was wünschst du dir
zum Geburtstag? → Ich wünsche mir ...

18 Danke für die Einladung.

Karin antwortet Tina (Kursbuch Seite 31). Aber sie macht Spaß!

Schreib den Text neu. Mach Satzzeichen und denk an die Großbuchstaben.

liebetinadankefürdieeinladungzumGeburtstagichkommegernleiderkannichnichtfrüh
erkommenichhabevonhalbzweibishalbdreimeinenspanischkursaberumvieruhrbinich
daichbringeeinenkuchenmitalsobismittwochnachmittagichfreuemichschondeinekarin

_____

_____

_____

_____

_____

_____

Wortschatz Modul 4 (Lektion 1–3)

Hier findest du die Einzelwörter und die Sätze aus den Lektionen Seite für Seite (Sg. = nur Singular, Pl. = nur Plural). Du findest jetzt auch die Betonungzeichen für den Wortakzent: R<u>a</u>d = betonter langer Vokal, j<u>o</u>ggen = betonter kurzer Vokal. Ganz links findest du die Seitenzahl im Kursbuch. Schreib die Übersetzung in die rechte Spalte.

Lektion 1:

8   die Sp<u>o</u>rtart, -en   Welche Sportart machst du?   _____

joggen   _____

R<u>a</u>d fahren   _____

s<u>u</u>rfen   _____

Sk<u>i</u> fahren   Sie fährt gern Ski.   _____

r<u>ei</u>ten   Sie will reiten lernen.   _____

<u>i</u>nlineskaten   Kannst du inlineskaten?   _____

der V<u>o</u>lleyball (Sg.)   Volleyball spielen   _____

9   das H<u>o</u>bby, -s   Ist dein Hobby Rad fahren?   _____

das Comp<u>u</u>terspiel, -e   Mein Hobby sind Computerspiele.   _____

k<u>ö</u>nnen, ich k<u>a</u>nn, er k<u>a</u>nn, wir k<u>ö</u>nnen   Kannst du schwimmen?   _____

nat<u>ü</u>rlich   Natürlich kann ich schwimmen.   _____

10   kl<u>e</u>ttern, ich kl<u>e</u>ttere, er kl<u>e</u>ttert   Ich will klettern lernen.   _____

der Kl<u>e</u>tterkurs, -e   Dann musst du einen Kletterkurs besuchen.   _____

d<u>a</u>nn   _____

m<u>ü</u>ssen, ich m<u>u</u>ss, er m<u>u</u>ss, wir m<u>ü</u>ssen   Du musst es lernen.   _____

der R<u>ei</u>tkurs, -e   _____

der S<u>u</u>rfkurs, -e   _____

der T<u>e</u>nniskurs, -e   _____

der Sk<u>i</u>kurs, -e   _____

der Schw<u>i</u>mmkurs, -e   _____

w<u>o</u>llen, ich w<u>i</u>ll, er w<u>i</u>ll, wir w<u>o</u>llen   Ich will surfen lernen.   _____

_____

11   der Jogging-Anzug, ⸚e   _____

       das Surfbrett, -er   _____

       das Fahrrad, -räder   _____

       die Badehose, -n   _____

       der Tennisschläger, –   _____

       der Ball, Bälle   _____

       die Inlineskates (Pl.)   Hast du Inlineskates?   _____

       das Pferd, -e   _____

       der Ski, Skier   Kannst du Ski fahren?   _____

       der Fußball, -bälle   Er möchte Fußball spielen.   _____

       brauchen   Du brauchst einen Fußball.   _____

12   die Radtour, -en   Sie will eine Radtour machen.   _____

       super   Ich finde Fußball super.   _____

13   der Roller, –   Das ist mein Roller.   _____

       der Walkman, -s   _____

       gehören   Der Walkman gehört Stefan.   _____

       das Handy, -s   Das ist mein Handy.   _____

       die Sporttasche, -n   Die Sporttasche gehört Tina.   _____

14   der Sweater, –   Mein Sweater ist blau.   _____

       die Jeans (Pl.)   Sind das deine Jeans?   _____

       das T-Shirt, -s   Wo ist mein T-Shirt?   _____

       der Rock, Röcke   Der Rock gehört Brigitte.   _____

       die Schirmmütze, -n   _____

       der Schuh, -e   _____

       der Sportschuh, -e   _____

       der Pulli, -s   _____

       der Anorak, -s   _____

16   gemein   Du bist gemein!   _____

17   die Note, -n   _____

       bunt   Die Noten sind bunt.   _____

       denn   Wo ist denn mein Pulli?   _____

braun

schwarz — Meine Schuhe sind braun, deine Schuhe sind schwarz.

gelb — Der Kanarienvogel ist gelb.

weiß — Ist dein Anorak weiß?

18 der Pullover, – — Ich habe fünf Pullover.

das Mountainbike, -s — Ich habe kein Mountainbike.

das Mobiltelefon, -e — Ein Handy ist ein Mobiltelefon.

der Rollschuh, -e — Hast du Rollschuhe oder Inlineskates?

Lektion 2:

20 der Urlaub, -e — Wohin fährst du in Urlaub?

die Adria — Ich fahre an die Adria.

der Sommer, - — Im Sommer fahren wir nach Italien.

genau — Wohin genau fahrt ihr? –

21 das Meer, -e — Wir fahren ans Meer.

der See, -n

der Bodensee — Er fährt an den Bodensee.

die Ostsee — Sie fährt an die Ostsee.

das Gebirge, - — Fahrt ihr auch ins Gebirge?

die Dolomiten (Pl.) — Ja, wir fahren in die Dolomiten.

die Alpen (Pl.) — Ich fahre in die Alpen.

nach — Wer fährt nach Deutschland?

22 die Nordsee — Ich fahre lieber an die Nordsee, und zwar nach Sylt.

der Berg, -e — Geht ihr auch in die Berge?

das Mittelmeer (Sg.) — Wir fahren ans Mittelmeer.

der Schüler, -
die Schülerin, -nen — Sechs Schüler fahren in die Berge.

baden — Ich will baden.

der Prater — In Wien möchte er den Prater besuchen und in der Schweiz das Matterhorn sehen.

das Matterhorn

23 wandern   Wo wollt ihr wandern?

    die Jahreszeit, -en

    der Winter, -

    der Frühling, -e

    der Herbst, -e   Frühling, Sommer, Herbst
                                     und Winter – das sind die
                                     vier Jahreszeiten.

    die Ferien (Pl.)

    beginnen   Wann beginnen die Ferien?

    die Sommerferien (Pl.)

    das Weihnachten (Sg.)

    der Skiurlaub, -e   Wann macht Susi Skiurlaub?

    das Oktoberfest, -e

    stattfinden, es findet   Wann findet das Oktober-
    statt   fest statt?

24 regnen   Es regnet.

    schneien   Es schneit.

    kalt   Es ist kalt.

    heiß   Es ist heiß.

    sonnig   Es ist sonnig.

    bewölkt   Es ist bewölkt.

    warm   Es ist warm.

    wolkenlos   Der Himmel ist wolkenlos.

    neblig   Es ist neblig.

    windig   Es ist windig.

25 das Wetter (Sg.)   Wie ist das Wetter bei euch?

    der Wetterbericht, -e

    die Temperatur, -en

    der Grad (Sg.)   Die Temperatur liegt
                                     bei 19 Grad.

    das Hotel, -s   Wir wohnen im Parkhotel.

    da bleiben   Ich bleibe eine Woche da.

    endlich   Endlich hat Jörg Urlaub.

die Sonne (Sg.)

allein   Fährt er allein in Urlaub?

26 die Disko, -s   Er geht jeden Abend in die Disko.

der Eiffelturm

der Monat, -e   In welchen Monaten ist es heiß?

27 segeln

eislaufen   Kannst du eislaufen?

rodeln   Im Winter rodeln wir.

Lektion 3:

28 der Geburtstag, -e

alles   Alles Gute zum Geburtstag!

das Jahr, -e

geboren   Wann ist er geboren?

gestorben   Wann ist sie gestorben?

der Reformator, -en   Luther war ein Reformator.

der Dichter, -   Goethe war ein großer Dichter.

der Komponist, -en   Mozart war Komponist.

der Wissenschaftler, -

die Wissenschaftlerin,   Ilse Meitner war
-nen   Wissenschaftlerin.

29 die Pianistin, -nen   Clara Schumann war Pianistin.

die Malerin, -nen   Käthe Kollwitz war Malerin.

die Schauspielerin, -nen Romy Schneider war
                         Schauspielerin.

die Dichterin, -nen   Nelly Sachs war Dichterin.

30 nächst..   nächste Woche

werden, ich werde,   Wie alt wirst du? –
er wird   Ich werde 14.

feiern   Wie feierst du deinen
                         Geburtstag?

die Party, -s   Ich gebe eine Party.

am   am 22. Mai

der Klassenkamerad, -en

31 die Einladung, -en

einladen, er lädt ein   Tina lädt ihre Freundin
zum Geburtstag ein.

Liebe .../ Lieber ...   Liebe Karin, ... / Lieber Paul, ...

früher   Komm ein bisschen früher.

helfen, er hilft   Du kannst mir helfen.

mitbringen, ich bringe   Bring etwas zum Trinken mit.
mit

der Apfelsaft, -säfte

erwarten   Ich erwarte dich.

pünktlich   Sei bitte pünktlich!

bei   Karin soll um 15.00 Uhr
bei Tina sein.

32 kaufen

sollen, ich soll, er soll   Soll ich etwas kaufen?

backen, er bäckt   Ich backe einen Kuchen.

der Apfelstrudel, -

klar   Kommst du? – Ja, klar.

Warum?   Warum kann er nicht kommen?

wegfahren,
er fährt weg   Ich muss mit Vati wegfahren.

der Arzt, Ärzte   Er muss zum Arzt gehen.

34 das Geschenk, -e

die Praline, -n   Isst du gern Pralinen?

die CD, -s   Bring deine CDs mit.

das Buch, Bücher

das Parfüm, -s

der Fotoapparat, -e

der Ohrring, -e

35 für   Für wen sind die Ohrringe?

die Jahreszahl, -en   Lies die Jahreszahlen laut.

schenken   Sie schenkt Mutti Parfüm.

Modul 5 · *Lektion 1*

Mir tut der Kopf weh

❶ Die Körperteile.

Schreib die Namen der Körperteile mit dem Artikel.

_____

_____

_____

_____

_____

_____

_____

_____

_____

_____

_____

② Schreib Minidialoge wie im Beispiel.

Tobias

● *Wie geht's dir, Tobias?*
● *Schlecht. Mir tut der Kopf weh.*

Petra

● _____
● _____

Maria

● _____
● _____

Felix

● _____
● _____

Ulla

● _____
● _____

Ole

● _____
● _____

③ Was tut dir weh?

Du hast ...

Halsschmerzen

Kopfschmerzen

Bauchschmerzen

Grippe

Husten

Fieber

Schnupfen

Was tut dir weh? _____

der Hals _____

_____

_____

_____

_____

_____

④ Was passt zusammen?

1. Mir tut der Kopf weh.

2. Markus tut der Hals weh.

3. Mein Fuß tut weh.

4. Sabine hat Ohrenschmerzen.

5. Meine Hand tut weh.

6. Eva tun die Augen weh.

7. Die Kinder haben Bauchschmerzen.

8. Dem Opa tun die Zähne weh.

a. Ich kann nicht schreiben.

b. Sie sollen Kamillentee trinken.

c. Ich kann nicht lernen.

d. Er kann nicht essen.

e. Sie kann nicht lesen.

f. Er kann nicht singen.

g. Ich kann nicht Fußball spielen.

h. Sie soll keine Musik hören.

❺ Was passt zusammen? Spielt die Minidialoge. Es gibt mehrere Lösungen.

1. Wie geht's deinem Vater?
2. Wie geht's dir?
3. Wie geht's der Mutter von Eva?
4. Wie geht's Ihren Kindern, Frau Meier?
5. Wie geht's dem Direktor?
6. Wie geht's deinen Eltern?
7. Wie geht's seiner Schwester?
8. Wie geht's Ihnen, Herr Bauer?

a. Ihr geht's ganz gut.
b. Es geht ihnen nicht so gut.
c. Ihm geht's gut.
d. Es geht ihr prima.
e. Ihm geht's schlecht.
f. Mir geht's ganz gut.
g. Mir geht's leider schlecht.
h. Es geht ihnen gut.

❻ Ergänze: *dem, der, den? ihm, ihr, ihnen?*

● Wie geht's ___*dem*___ Direktor?
1. Wie geht's _____ Professor?
2. Wie geht's _____ Kindern?
3. Wie geht's _____ Oma?
4. Wie geht's _____ Mathelehrerin?
5. Wie geht's _____ Zwillingen?

● ___*Ihm*___ geht's gut.
_____ geht's schlecht.
_____ geht's prima.
_____ geht's nicht so gut.
_____ geht's ganz gut.
_____ geht's schlecht.

❼ Wem gehört was?

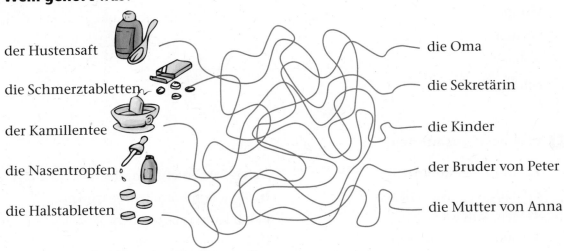

der Hustensaft
die Schmerztabletten
der Kamillentee
die Nasentropfen
die Halstabletten

die Oma
die Sekretärin
die Kinder
der Bruder von Peter
die Mutter von Anna

Der Hustensaft gehört dem Bruder von Peter.

8 Ergänze: *deinem, deiner, deinen? ihm, ihr, ihnen?*

● Wem gehört der Hustensaft? ___Deiner___ Mutter? ● Ja, __ihr__ .

1. Wem gehört der Hustensaft? _____ Schwester? Ja, _____

2. Wem gehören die Halstabletten? _____ Vater? Ja, _____

3. Wem gehören die Schmerztabletten? _____ Eltern? Ja, _____

4. Wem gehört der Kamillentee? _____ Opa? Ja, _____

5. Wem gehören die Nasentropfen? _____ Tante? Ja, _____

9 Imperativ.

	(du)	(ihr)	(Sie)
trinken			
schlafen			
bleiben			
anrufen	Ruf ... an!		
nehmen			
essen			
sein	Sei vorsichtig!	Seid vorsichtig!	Seien Sie vorsichtig!

10 Dialogpuzzle: Du bist krank. Die Ärztin kommt.

Schreib den Dialog in der richtigen Reihenfolge in dein Heft. Spielt den Dialog.

Ja, du hast eine Grippe und musst jetzt erst mal im Bett bleiben.

Na, wie geht's dir denn?

Und wann kann ich wieder in die Schule?

Drei Tage mindestens. Ich verschreibe dir Tabletten und Hustensaft.

Ach, mir geht es schlecht.
Ich habe Fieber, Kopfschmerzen und Halsschmerzen.

Wie lange muss ich denn im Bett bleiben?

Vielleicht schon am Freitag –
am Montag aber ganz bestimmt.

Je eine Tablette morgens und abends und einen Löffel
Hustensaft abends. Dann kanst du gut schlafen.

Dann warte ich lieber bis Montag. Am
Freitag haben wir eine Deutscharbeit.

Wie viele Tabletten muss ich nehmen?

⓫ Interviews: Was haben sie?

Kreuz die richtige Information an.

Oliver

Er hat	❑ Kopfschmerzen.	❑ Bauchschmerzen.	❑ Zahnschmerzen.
Er ist krank seit	❑ zwei Tagen.	❑ einem Tag.	❑ einer Woche.
Er nimmt	❑ Schmerztabletten.	❑ Kamillentee.	❑ Antibiotika.

Marion

Sie hat	❑ Grippe.	❑ Husten.	❑ Halsschmerzen.
Sie ist krank seit	❑ zwei Tagen.	❑ gestern.	❑ vorgestern.
Sie nimmt	❑ Halstabletten.	❑ Nasentropfen.	❑ Hustensaft.

Frau Wagner

Sie hat	❑ Schnupfen.	❑ Ohrenschmerzen.	❑ Zahnschmerzen.
Sie ist krank seit	❑ zwei Wochen.	❑ drei Tagen.	❑ einer Woche.
Sie nimmt	❑ Tabletten.	❑ Nasentropfen.	❑ Antibiotika.

⓬ Lukas geht zum Arzt.

Lies den Text.

Lukas geht zum Arzt

Heute geht Lukas nicht zur Schule. Es geht ihm nicht gut. Seit gestern hat er Kopfschmerzen. Er hat auch Fieber und ist erkältet. Um 11.00 Uhr hat er einen Termin beim Arzt. Er geht natürlich mit Mutti zu Doktor Huber.

Doktor Huber sagt: „Also, Lukas, wie fühlst du dich?"

„Ich bin so müde ..., mir tut der Kopf weh, und ..." antwortet Lukas.

„Hast du Fieber?", fragt der Arzt weiter.

„Ja", antwortet die Mutter von Lukas, „und er ist auch erkältet".

„Herr Doktor, muss ich ins Krankenhaus?", fragt Lukas besorgt.

„Aber nein", antwortet Doktor Huber, „das ist eine ganz normale Grippe. Du bleibst drei Tage im Bett. Nimm diese Tabletten und diese Nasentropfen".

„Keine Antibiotika?", fragt die Mutter.

„Nein, das ist nicht nötig", antwortet der Arzt. „Wir sehen uns nächste Woche".

Was stimmt? Kreuz an.

1. Lukas geht heute ...
❑ zur Schule.
❑ zum Arzt.
❑ nach Hause.

2. Lukas hat ...
❑ Grippe.
❑ Halsschmerzen.
❑ Bauchschmerzen.

3. Lukas muss ...
❑ ins Krankenhaus gehen.
❑ zur Schule gehen.
❑ zu Hause bleiben.

4. Lukas nimmt ...
❑ Tabletten.
❑ Antibiotika.
❑ Hustensaft.

5. Lukas muss wieder zum Arzt, und zwar ...
❑ morgen.
❑ übermorgen.
❑ nächste Woche.

⑬ Wer? Wen? Wem? Ergänze: *unser..*

Wer kommt zur Party?

_____ Onkel Hans.

_____ Tante Evi.

_____ Freunde Markus und Klaus.

Wen besucht ihr am Sonntag?

_____ Opa.

_____ Oma.

_____ Freunde und Freundinnen.

Wem gebt ihr die Karotten?

_____ Hamster.

_____ Katze.

_____ Kanarienvögeln.

| Eva Hoffmann | Hans Hoffmann |
| Berta Weigel | Franz Weigel |

⑭ Ergänze: *wer, wen, wem*? Antworte frei.

1. _____ kommt heute Abend?   – _____

2. _____ lädst du zur Party ein?   – _____

3. _____ tut der Kopf weh?   – _____

4. _____ gehören die Tabletten?   – _____

5. _____ findest du sympathisch?   – _____

6. _____ geht es nicht gut?   – _____

7. _____ ist der Mann da?   – _____

8. _____ siehst du in der Schule?   – _____

⑮ Stell Fragen.

1. _____? – Mir tut der Bauch weh.

2. _____? – Nein, nicht der Kopf, der Hals.

3. _____? – Ihm geht es schlecht.

4. _____? – Ihr geht es ganz gut.

5. _____? – Dem Opa.

6. _____? – Ja, und ich nehme Hustensaft.

16 **Offener Dialog: Bei der Ärztin. Was sagst du? Was sagt die Ärztin?**

Du fühlst dich krank: ● _____

Die **Ärztin**: ● _____

Dein Hals tut weh: ● _____

Die **Ärztin**: ● _____
Du möchtest Hustensaft,
keine Tabletten: ● _____

Die **Ärztin**: ● _____
Du möchtest nicht
in die Schule: ● _____

Die **Ärztin**: ● _____
Du bedankst dich und
verabschiedest dich. ● _____

17 **Richtig schreiben.**

Nicki liegt krank zu Hause. Mit dem Computer schreibt sie an ihren Freund Jonas.
Aber der Computer hat einen X-Virus. Kannst du ihn entfernen?

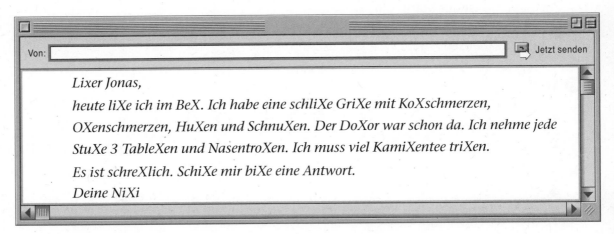

Von: _____ ☑ Jetzt senden

Lixer Jonas,
heute liXe ich im BeX. Ich habe eine schliXe GriXe mit KoXschmerzen,
OXenschmerzen, HuXen und SchnuXen. Der DoXor war schon da. Ich nehme jede
StuXe 3 TableXen und NasentroXen. Ich muss viel KamiXentee triXen.
Es ist schreXlich. SchiXe mir biXe eine Antwort.
Deine NiXi

Gesund leben

❶ Gesund essen – die neue Diät für alle!

Kinder, ab heute gibt es keine Pommes frites mehr, sondern nur Gemüse und Salat.

→ *Ihr dürft keine Pommes mehr essen! Ihr müsst Gemüse und Salat essen!*

1. Kinder, ab heute gibt es keine Hamburger mehr, sondern Fisch.

→ _____

2. Kinder, ab heute gibt es keine Cola mehr, sondern Milch.

→ _____

3. Kinder, ab heute gibt es keine Schokolade mehr, sondern Joghurt.

→ _____

4. Kinder, ab heute gibt es keinen Milchkaffee mehr zum Frühstück, sondern Müsli.

→ _____

❷ Ich muss ... Ich darf nicht ...

Was musst du tun? Was darfst du nicht tun?

| 1 | früh aufstehen | | 3 | bis spät fernsehen |

| 8 | mein Zimmer aufräumen | | 9 | bis Mittag schlafen |

| 2 | abends allein weggehen | | 6 | Hausaufgaben machen |

| 5 | pünktlich nach Hause kommen | | 7 | rauchen | | 4 | zu Hause helfen |

Ich muss ...

_____

_____

_____

_____

Ich darf nicht ...

_____

_____

_____

_____

❸ Ergänze die Tabelle.

	dürfen
ich	
du	
er, sie, es	darf
wir	
ihr	dürft
sie	
Sie	

❹ Ergänze die richtige Form von *dürfen*.

1. _____ ich noch zwei Stunden aufbleiben?

2. Herr Weigel _____ zu Hause nicht mehr rauchen.

3. Tina und Stefan _____ keine Süßigkeiten mehr essen.

4. Die Kinder fragen: „Mutti, _____ wir Cola trinken?"

5. Die Mutter antwortet: „Nein, ihr _____ keine Cola mehr trinken."

6. Der Arzt sagt: „Herr Weigel, Sie _____ nicht mehr rauchen!"

❺ Schreib ganze Sätze.

Sport			Magen.
Rauchen	schadet	dem	Körper.
Zu viel Essen	tut ... gut	der	Gesundheit.
Kaffee	hilft	den	Muskeln.
Radfahren			Figur.

Sport tut dem Körper gut. _____

_____

_____

_____

_____

❻ Verbotsschilder.

Was darf man hier nicht tun?

 *Hier darf man keine Cola trinken.* _____

 _____

 _____

 _____

 _____

 _____

7 **Verbote.**
Antworte wie im Beispiel.

Ist das Rauchen hier verboten?   – Ja, *hier darf man nicht rauchen.*

1. Ist Eis essen hier verboten?   – Ja, _____

2. Ist das Spielen hier verboten?   – Ja, _____

3. Ist das Radfahren hier verboten?   – Ja, _____

4. Ist das Autofahren hier verboten?   – Ja, _____

5. Ist das Parken hier verboten?   – Ja, _____

8 **Warum? – Weil ...**
Welche Frage passt zu welcher Antwort? Schreib dann ganze Sätze mit *weil*.

1. Warum isst du keine Süßigkeiten?   **a.** Ich habe keinen Hunger.

2. Warum trinkst du Kamillentee?   **b.** Ich bin müde.

3. Warum isst du so wenig?   **c.** Sie sind ungesund.

4. Warum gehst du abends nicht weg?   **d.** Ich habe Bauchschmerzen.

5. Warum gehst du so früh schlafen?   **e.** Radfahren ist gesund.

6. Warum bleibst du bis 23.00 Uhr auf?   **f.** Ich will den Krimi sehen.

7. Warum fährst du immer Rad?   **g.** Meine Eltern wollen es nicht.

Ich esse keine Süßigkeiten, weil sie ungesund sind. _____

_____

_____

_____

_____

_____

_____

9 **Antworte frei.**

1. Warum isst du keine Pommes mehr?   – Weil _____

2. Warum trinkst du viel Milch?   – Weil _____

3. Warum nimmst du Tabletten?   – Weil _____

4. Warum hat Herr Weigel Übergewicht? – Weil _____

5. Warum bleibst du zu Hause?   – Weil _____

6. Warum treibst du Sport?   – Weil _____

⑩ Verbinde die Sätze mit *weil*.

Herr Weigel darf nicht mehr so viel Kaffee trinken. Das ist ungesund.

Herr Weigel darf nicht mehr so viel Kaffee trinken, weil das ungesund ist.

1. Ich esse viel Obst. Ich will gesund bleiben.

_____

2. Ich esse keine Süßigkeiten. Zu viele Süßigkeiten machen dick.

_____

3. Wir dürfen nicht so lange aufbleiben. Wir sind noch zu klein.

_____

4. Ich muss zu Hause bleiben. Ich bin krank.

_____

5. Ich treibe Sport. Ich will fit bleiben.

_____

6. Ich esse viel Gemüse. Gemüse ist gesund.

_____

⑪ Ein Rezept formulieren: mündlich – schriftlich.

Schreib das Rezept „Bratkartoffeln" für ein Kochbuch.

Du sagst:	Man schreibt: (Infinitiv)
„Du musst ½ Liter Salzwasser zum Kochen bringen. Dann musst du die Kartoffeln schälen, waschen, in Scheiben schneiden und ins kochende Wasser geben. Du musst Öl in einer Pfanne erhitzen. Du musst die Zwiebeln schneiden und im Öl anbraten. Dann musst du den Würfelschinken und die Kartoffeln dazugeben."	*½ Liter Salzwasser zum Kochen bringen.*

🎧 **⓬ Die Schlankheitskur.**

Frau Becker ist zu dick. Sie muss eine Diät machen. Was sagt der Arzt?

Was darf Frau Becker nicht mehr tun?	Was muss Frau Becker tun?

⓭ Offener Dialog: Beim Arzt. Was sagt Herr Schwarz?

Herr Schwarz fühlt sich krank. Er ist beim Arzt.

Der Arzt: ● Was fehlt Ihnen, Herr Schwarz?

Herr Schwarz: ● Ich glaube, ich bin krank. Ich habe Kopfschmerzen und seit gestern habe ich auch Herzschmerzen.

Der Arzt: ● Arbeiten Sie viel? Wie viele Stunden pro Tag?

Herr Schwarz: ● _____

Der Arzt: ● Trinken Sie viel Kaffee?

Herr Schwarz: ● _____

Der Arzt: ● Treiben Sie regelmäßig Sport?

Herr Schwarz: ● _____

Der Arzt: ● Ich sehe, Sie haben Übergewicht. Essen Sie viel?

Herr Schwarz: ● _____

Der Arzt: ● Nehmen Sie Tabletten oder Medikamente?

Herr Schwarz: ● _____

Der Arzt: ● Herr Schwarz, Sie leben sehr ungesund!

Herr Schwarz: ● Ja, aber was soll ich machen?

Der Arzt: ● _____

_____

Herr Schwarz: ● Ach so, ich verstehe. Gut, Herr Doktor, das werde ich tun. Auf Wiedersehen.

Der Arzt: ● Auf Wiedersehen, Herr Schwarz.

⓮ Sätze bauen.

1. wir • keine Cola • trinken • mehr • dürfen

_____

2. dürfen • essen • ich • ein Eis • ab und zu • ?

_____

3. die Kinder • essen • Obst und Gemüse • viel • müssen

_____

4. ab heute • keine Pommes frites • essen • dürfen • mehr • die Kinder

_____

5. ich • viel Gemüse • essen • weil • gesund bleiben • wollen • ich

_____

6. du • viel Milch • müssen • trinken • weil • sein • gesund • Milch

_____

⓯ Stell Fragen.

1. _____? – Nein, du darfst nicht!

2. _____? – Nein, du musst Hausaufgaben machen.

3. _____? – Ja, ihr dürft.

4. _____? – Nein, ihr dürft nicht.

5. _____? – Weil das gesund ist.

6. _____? – Weil ich fit bleiben will.

⓰ Hier sind alle Zutaten für eine Bauernjause aus Tirol versteckt (8 Wörter).

A	R	U	X	E	L	O	P	K	Y	G	I
S	C	H	N	I	T	T	L	A	U	C	H
A	B	L	M	E	O	G	U	R	K	E	N
L	R	H	Z	R	M	H	B	T	N	P	X
Z	W	I	E	B	E	L	N	O	U	S	T
B	C	N	H	O	N	Q	T	F	X	Z	Y
M	L	D	I	K	P	F	E	F	F	E	R
J	O	E	U	W	V	G	Z	E	P	A	O
V	R	R	N	A	G	B	M	L	S	T	U
I	S	C	H	I	N	K	E	N	G	H	R

❶❼ Schreib die Wörter mit Farbstift in die Listen.

(blau = maskulin, rot = feminin, grün = neutral)

Kartoffel   Öl   Zwiebel   Gurke   Wasser

    Salz   Pfeffer   Pfanne   Butter

Salat   Ei   Reis   Rezept   Fisch

    Fleisch   Käse   Schinken   Tomate

der	*die*	*das*

❶❽ Richtig schreiben.

Was ist richtig, was ist falsch? Streich die falschen Wörter durch.

~~fet~~	fett
Löfel	Löffel
Kartoffel	Kartofel
mollig	molig
Süsigkeiten	Süßigkeiten
Reiss	Reis
Opst	Obst
Pfeffer	Pffefer
Kaffe	Kaffee
Tee	Tea

⓳ Darf ich ... ?

Du fragst deine Mutter / deinen Vater / deine Schwester / deinen Bruder / deinen Lehrer / deine Lehrerin /...
Schreib ganze Sätze wie im Beispiel.

Du möchtest:
– am Abend mit (einer Freundin / einem Freund) ins Kino gehen
– einen Kletterkurs / Karatekurs / ... machen
– den Walkman / den CD-Player / das Fahrrad (von ...) nehmen
– ein schönes T-Shirt / ein Eis / ... kaufen
– spät am Abend etwas im Fernsehen sehen
  (z.B. Tennisturnier / Film / Formel-1-Rennen mit Michael Schumacher)
– nach Hause gehen: Es geht dir schlecht.
– am Wochenende mit Freunden nach ... fahren
– ...

Darf ich heute Abend mit Ralf ins Kino gehen?
_____
_____
_____
_____
_____
_____

⓴ Du sollst ..., du möchtest aber nicht!

Frag: Muss ich wirklich ...? Schreib ganze Sätze wie im Beispiel.

Du sollst ...
– mit den Eltern in die Stadt gehen
– am Samstagnachmittag bei der Gartenarbeit helfen
– am Abend früh ins Bett gehen
– dich bei den Nachbarn entschuldigen (du warst frech)
– die warme Jacke anziehen (du magst die Jacke nicht)
– Karotten essen (sie sind gesund, aber du magst keine Karotten)
– zum Zahnarzt gehen
– ...

Muss ich wirklich mit in die Stadt gehen?
_____
_____
_____
_____
_____
_____

Modul5 **Lektion₃**

Tina hat sich wehgetan

❶ Ergänze den Text: Partizip Perfekt.

> passiert – gemacht – geblieben – gebracht – runtergefahren
> gefahren – zusammengestoßen – gestürzt – stehen geblieben

In den Winterferien sind wir ins Gebirge nach Garmisch _____

_____. Dort habe ich einen Skikurs _____.

Am letzten Tag ist leider ein Unfall _____. Ich bin schnell die Piste

_____. Plötzlich ist ein Skiläufer mitten auf der Piste

_____. Wir sind _____ und ich bin

_____. Dann hat man mich ins Krankenhaus

_____ und ich bin zwei Tage da _____.

❷ Was hat Michael gestern gemacht? Schreib Sätze wie im Beispiel.

essen
Michael hat nichts gegessen.

Milch trinken
Er hat viel Milch getrunken.

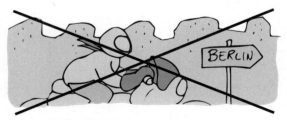

1. nach Berlin fahren

im Internet surfen

_____

_____

2. Fußball spielen

_____

in die Turnhalle gehen

_____

3. fernsehen

_____

am Computer spielen

_____

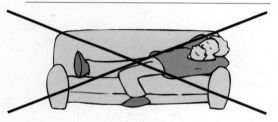

4. zu Hause bleiben

_____

eine Radtour machen

_____

❸ Schreib das Partizip Perfekt.

frühstücken _____	machen _____
spielen _____	lernen _____
stürzen _____	holen _____
fahren _____	sehen _____
essen _____	kommen _____
gehen _____	helfen _____
bleiben _____	trinken _____
besuchen _____	passieren _____
aufsteigen _____	zurückkommen _____
fernsehen _____	zusammenstoßen _____
sein _____	haben _____

4 *haben* oder *sein*? Sortier die Verben von Übung 3.

sein	haben
ist gestürzt	*hat gefrühstückt*

5 **Nicole, was hast du gestern gemacht? Erzähl mal!**

7.00 Uhr (aufstehen)

Ich bin um sieben Uhr aufgestanden.

1. 7.15 Uhr (frühstücken)
Ich habe um Viertel nach

2. 7.40 Uhr (zur Schule fahren)
Um

3. 8.00-13.00 Uhr (in der Schule bleiben)

4. 13.10 Uhr (nach Hause zurückfahren)

5. 13.30 Uhr (zu Mittag essen)

6. 14.00-14.30 Uhr (fernsehen)

7. 14.30-17.00 Uhr (Hausaufgaben machen)

8. 17.15 Uhr (zu Elena gehen, am Computer spielen)

9. 19.00 Uhr (zu Abend essen)

10. 20.00-21.00 Uhr (fernsehen)

11. 21.15 Uhr (ins Bett gehen)

6 **Peter erzählt: Wir sind letztes Jahr nach Venedig gefahren ...**

nach Venedig – fahren
im Hotel Luna – wohnen
zwei Wochen – bleiben
vormittags – spazieren gehen

nachmittags – mit Roberta
   Italienisch lernen
abends – in die Pizzeria gehen
sehr schön – sein

Letztes Jahr _____

_____

_____

_____

_____

_____

7 **Spielt den Dialog. Wechselt auch die Rollen.**

Warst du schon mal in ...?   (Wählt einen Ort.)

...

Wann?

...

Wie lange?

...

Was gemacht?
(Was passiert?)

..., ..., ...

Spaß?

Und du? Warst du ...?

8 **Ergänze.**

1. Ich bin letzt_____ Monat nach Garmisch gefahren.

2. Der Unfall ist _____ drei Tag_____ passiert.

3. Letzt_____ Jahr sind wir in Frankreich gewesen.

4. _____ habe ich mir wehgetan.

5. Wir sind _____ zwei Woch_____ aus dem Urlaub zurückgekommen.

6. Ich habe ihn _____ gesehen.

❾ Antworte frei.

1. Was hast du gestern gemacht?

_____

2. Wo bist du letzten Sommer gewesen?

_____

3. Wohin bist du letzte Woche gefahren?

_____

4. Wann hast du Peter gesehen?

_____

5. Wann hast du Hausaufgaben gemacht?

_____

6. Wen hast du in der Schule gesehen?

_____

❿ Wo waren sie? Wann? Wie lange ...?

	Peter	Karin
Wohin?		
Wann?		
Wie lange?		
Mit wem?		
Was?		

⓫ _sein_ oder _haben_? Ergänze in der richtigen Form.

Letzten Sonntag _____ ich mit dem Zug nach München gefahren, ich _____ dort
meine Tante Doris besucht.
Aber dann _____ leider etwas passiert: Am Bahnhof _____ ich ein Taxi genommen.
Aber das Taxi _____ mit einem Radfahrer zusammengestoßen. Es war schlimm:
Der Radfahrer _____ gestürzt und _____ sich den Arm gebrochen. Er _____
große Schmerzen gehabt.
Der Taxifahrer _____ ihn gleich ins Krankenhaus gebracht. Ich _____ mitgefah-
ren. Ein Arzt _____ ihm den Arm geschient und ich _____ meine Tante angerufen.
Sie _____ gleich gekommen und _____ mich abgeholt. Wir _____ dann noch
gemütlich Kaffee getrunken und Kuchen gegessen. Es war dann noch ein schöner
Sonntag!

⓬ Richtig schreiben.

1. *z* oder *tz* oder *tzt*: Pla___, plö___lich, stür___en, Är___tin, le___e Woche

2. *nk* oder *ng*: schla___, Fi___er, Ba____, bri___en, kra____

3. *ü* oder *üh*: ___bung, f___len, M___e, s___ß, f___r

4. *f* oder *v*: ___orgestern, zu___rieden, ___ehlen, ___or, so___ort

⓭ Stell Fragen.

1. _____ ?

Ich bin an die Ostsee gefahren.

2. _____ ?

Letzte Woche.

3. _____ ?

Ich habe jeden Tag gebadet.

4. _____ ?

Zwei Wochen.

5. _____ ?

Im Hotel Seeblick.

6. _____ ?

Ja, ich habe viel Spaß gehabt.

⓮ Kombinationen: trennbare Verben

Was passt zu

– fahren? _____

– fallen? _____

– gehen? _____

los-   hin-
weg-
mit-   fort-
runter-
ab-

Schreib kurze Beispielsätze.

abfahren: Wann fährt der Zug ab? _____

_____

_____

_____

_____

Wortschatz Modul 5 (Lektion 1–3)

Hier findest du die Einzelwörter und die Sätze aus den Lektionen Seite für Seite (Sg. = nur Singular, Pl. = nur Plural). Hier findest du auch die Betonungszeichen für den Wortakzent: Ohr = betonter, langer Vokal, Kopf = betonter kurzer Vokal. Ab Lektion 3 sind dann die unregelmäßigen Verben hervorgehoben. Ganz links findest du die Seitenzahl im Kursbuch. Schreib die Übersetzung in die rechte Spalte.

Lektion 1:

54	wehtun	Was tut dir weh?	_____
	der Kopf, Köpfe	Mir tut der Kopf weh.	_____
	das Auge, -n		_____
	der Hals, Hälse	Mir tut der Hals weh.	_____
	der Arm, -e		_____
	die Hand, Hände		_____
	der Finger, –		_____
	der Zahn, Zähne	Mir tut ein Zahn weh.	_____
	das Ohr, -en	Mir tun die Ohren weh.	_____
	die Nase, -n		_____
	der Mund, Münder		_____
	der Bauch, Bäuche	Mir tut der Bauch weh.	_____
	das Bein, -e		_____
	der Fuß, Füße	Mir tun die Füße weh.	_____
56	die Krankheit, -en	Erkennst du die Krankheit?	_____
	krank	Er ist krank.	_____
	die Kopfschmerzen (Pl.)	Er hat Kopfschmerzen.	_____
	die Halsschmerzen (Pl.)	Hast du Halsschmerzen?	_____
	die Bauchschmerzen (Pl.)	Ich habe Bauchschmerzen.	_____
	die Zahnschmerzen (Pl.)	Wer hat Zahnschmerzen?	_____
	die Grippe (Sg.)		_____
	das Fieber (Sg.)		_____
	der Husten (Sg.)		_____
	der Schnupfen (Sg.)	Ich habe eine Grippe mit Fieber, Husten und Schnupfen.	_____

das Mädchen, –

die Zwillinge (Pl.)

57 das Medikament, -e Welches Medikament
brauchst du?

die Tablette, -n

die Halstablette, -n

der Hustensaft, -säfte Willst du Halstabletten
oder lieber Hustensaft?

die Nasentropfen (Pl.)

der Kamillentee (Sg.) Trink Kamillentee!

die Schmerztablette, -n Brauchst du Schmerztabletten?

58 das Aspirin (Sg.) Nehmen Sie Aspirin!

59 die Meinung, -en

der Arzt, Ärzte Das ist die Meinung des Arztes.

das Problem, -e Haben Sie Probleme?

der Rat, Ratschläge Brauchen Sie einen Rat?

der Doktor, Doktoren Herr Doktor, ich brauche
Herr / Frau Doktor! einen Rat.

die Antwort, -en

passend

jeder, jede, jedes Er hat für jeden
die passende Antwort.

die Redaktion, -en Schreiben Sie an die Redaktion!

fit fit sein

gesund

das Postfach, -fächer

geehrter / geehrte Sehr geehrter Doktor B.
... / Sehr geehrte Frau
Doktor A. ...

seit + Dativ seit einiger Zeit

regelmäßig

morgens

schlimm Morgens ist es
besonders schlimm.

der Hausarzt, -ärzte

der Stress (Singular)   Das ist der Schulstress.   _____

der Pickel, –   Sie hat Pickel.   _____

hübsch   Sie ist sehr hübsch.   _____

einfach   _____

schrecklich   Ich finde meine Pickel einfach schrecklich.   _____

einen Rat geben   Können Sie mir einen Rat geben?   _____

nachmittags   _____

abends   Nachmittags und abends habe ich Kopfschmerzen.   _____

sich konzentrieren   Ich kann mich nicht mehr konzentrieren.   _____

(etwas) tun, ich tue, er tut   Was soll ich tun?   _____

vielleicht   _____

ein paar   ein paar Tage   _____

zu viel   Sie arbeiten zu viel.   _____

spazieren gehen   Gehen Sie viel spazieren!   _____

rauchen   _____

weniger   Rauchen Sie weniger!   _____

helfen, er hilft   _____

sowieso   Das hilft sowieso nicht.   _____

der / die Jugendliche, -n   alle Jugendlichen   _____

dasselbe   Alle haben dasselbe Problem.   _____

bestimmt   _____

vorbei   In ein paar Jahren ist es bestimmt vorbei.   _____

inzwischen   _____

das Gesicht, -er   _____

das Gesichtswasser (Sg.)   _____

die Gesichtscreme, -s   _____

verwenden   Verwende Gesichtswasser oder eine Gesichtscreme!   _____

vor allem   _____

nervös   _____

Lektion 2:

61	das Obst (Sg.)	Sie isst nur Obst.
	das Gemüse (Sg.)	Gemüse ist gesund.
	das Ketchup (Sg.)	Ich mag Ketchup.
	der Fisch, -e	Isst du oft Fisch?
	das Fleisch (Sg.)	Sie isst kein Fleisch.
	selten	
	zu Fuß	Er geht selten zu Fuß.
	der Punkt, -e	Wie viele Punkte hast du?
	die Gesundheit (Sg.)	Tu was für die Gesundheit!
	ungesund	
	gefährlich	Du lebst ungesund und gefährlich.
	Achtung!	
62	die Gefahr, -en	Er ist in Gefahr.
	rauchen	Er raucht zu viel.
	schaden + Dativ	Rauchen schadet der Gesundheit.
	fit halten	Sport hält fit.
	der Feinschmecker, -	
	das Lieblingsessen, -	
	der Schweinebraten, -	
	das Sauerkraut (Sg.)	Sein Lieblingsessen ist Schweinebraten mit Sauerkraut.
	das Kilo, -s	
	das Übergewicht (Sg.)	Er hat 15 Kilo Übergewicht.
	meinen	Was meinst du?
	mollig	
	die Bank, -en	Er arbeitet in der Bank.
	die Überstunde, -n	Er macht viele Überstunden.
	die Freizeit (Sg.)	Er hat nicht viel Freizeit.
	die Zigarette, -n	
63	ab	ab heute

dürfen, ich darf,
er darf — Darf ich den Film ansehen? _____

fett — _____

die Speise, -n — _____

nicht mehr — Ab heute darfst du keine
fetten Speisen mehr essen und
nicht mehr rauchen. _____

der Muskel, -n — Sport hilft den Muskeln. _____

sportlich — _____

dynamisch — Ich will einen sportlichen,
dynamischen Mann. _____

das Schwarzbrot, -e — _____

die Süßigkeiten (Pl.) — Er mag Süßigkeiten. _____

64 der Vegetarier, -
die Vegetarierin, -nen — Vegetarier essen
kein Fleisch. _____

der Veganer, -
die Veganerin, -nen — Veganer essen überhaupt
keine Tierprodukte. _____

die Nudeln (Pl.) — _____

das Müsli, -s — _____

das Sojaprodukt, -e — _____

aus — Das ist Käse aus Soja. _____

lecker — _____

schmecken — Sojaprodukte sind lecker,
sie schmecken sehr gut. _____

der Bioladen, -läden — _____

das Bioprodukt, -e — Bioprodukte gibt es in Bioläden. _____

bzw. — beziehungsweise _____

der Magen, Mägen — Kaffee schadet dem Magen. _____

65 müde — Er ist immer müde. _____

nie — Er treibt nie Sport. _____

das Brötchen, - — _____

die Tomate, -n — _____

die Vollmilch (Sg.) _____

der Löffel, -   1 Esslöffel _____

die Butter (Sg.)   1 Teelöffel Butter _____

die Eiscreme (Sg.)   Kinder lieben Eiscreme. _____

die Birne, -n _____

der Honig (Sg.) _____

die Bratwurst, -würste _____

der Rinderbraten, - _____

die Kartoffel, -n _____

der Reis (Sg.)   Reis ist gesund. _____

das Ei, Eier _____

die Kalorie, -n   Ein Kind braucht
2500 Kalorien pro Tag. _____

das Tagesmenü, -s _____

66   die Zutat, -en   Zutaten für eine Bauernjause _____

die Portion, -en   Rezept für 2 Personen _____

die Zwiebel, -n   3 Zwiebeln _____

der Würfelschinken (Sg.) _____

150 g   150 Gramm _____

die Gurke, -n   2 Gewürzgurken _____

der Schnittlauch (Sg.)   1 Löffel Schnittlauch _____

das Salz (Sg.) _____

der Pfeffer (Sg.) _____

das Salzwasser (Sg.) _____

kochen   Du musst das Salzwasser zum
Kochen bringen. _____

schälen _____

waschen, er wäscht   Du musst die Kartoffeln
zuerst schälen und waschen. _____

schneiden _____

die Scheibe, -n   Dann musst du sie
in Scheiben schneiden. _____

das Öl (Sg.) _____

die Pfanne, -n

erhitzen — Du musst das Öl in die Pfanne geben und erhitzen.

anbraten, er brät an — die Zwiebeln anbraten

zugeben, er gibt zu — den Schinken zugeben

würzen

verquirlen — die Eier verquirlen, mit Salz und Pfeffer würzen

stocken lassen — die Eier stocken lassen

verteilen

darauf / darauf — Zuletzt musst du die Gurken darauf verteilen.

die Turnhalle, -n

die Aerobic (Sg.) — Sie macht Aerobic.

die Gymnastik (Sg.) — Sie macht Gymnastik.

das Lieblingsessen, -

68 zunehmen, er nimmt zu — Nina hat 10 Kilo zugenommen.

sich vollstopfen — Sie stopft sich mit Süßigkeiten voll.

der Gedanke, -n — Sie macht sich Gedanken.

der Spiegel, -

sich betrachten — Sie betrachtet sich im Spiegel.

sich hassen — Sie hasst sich.

die Figur, -en — Sie möchte eine gute Figur haben.

69 der Schluss, Schlüsse — Schluss damit!

Lektion 3:

70 die Radtour, -en — Ich wollte eine Radtour machen.

der Keller, -

holen — Ich habe das Fahrrad aus dem Keller geholt.

aufsteigen, ich steige auf — Ich bin aufs Fahrrad aufgestiegen.

plötzlich

der Fußgänger, -

mitten auf

der Radweg, -e

stehen bleiben   Plötzlich ist ein Fußgänger mitten auf dem Radweg stehen geblieben.

bremsen   Ich konnte nicht bremsen.

zusammenstoßen   Ich bin mit ihm zusammengestoßen.

stürzen   Ich bin gestürzt.

das Pech (Sg.)   So ein Pech!

passieren   Ihm ist nichts passiert.

gestern

71   weitergehen   Wie geht es weiter?

selbst   Sie steht von selbst auf.

der Zug, Züge

das Taxi, -s

72   die Schlankheitskur, -en

**abnehmen,
er nimmt ab**   Herr Weigel hat 10 Kilo abgenommen.

fühlen   Jetzt fühlt er sich besser.

die Mühe, -n

sich lohnen   Die Mühe hat sich gelohnt.

zufrieden   Er ist zufrieden.

vorgestern   Das ist vorgestern passiert.

vor   vor zehn Tagen

letzt..   letzte Woche, letztes Jahr

73   das Krankenhaus, -häuser

stark   Sie hat starkes Fieber.

fehlen   Was fehlt dir?

bringen   Man hat mich ins Krankenhaus gebracht.

der Virus, Viren	Es ist wahrscheinlich ein Virus gewesen.	_____
schwach	Ich bin noch schwach.	_____
nächst..	nächsten Sommer	_____
Schluss machen	Ich mache jetzt Schluss.	_____
74 der Unfall, Unfälle	Sie hatte einen Unfall.	_____
der Skiunfall, Skiunfälle		_____
brechen, er bricht	Tobias hat sich ein Bein gebrochen.	_____
die Bildergeschichte, -n		_____
das Auto, -s	mit dem Auto fahren	_____
sitzen	Sie sitzen auf der Reisetasche.	_____
der Bahnhof, -höfe	Sie gehen zum Bahnhof.	_____
die Piste, -n	Wo ist die Skipiste?	_____
das Abteil, -e		_____
voll	Das Abteil ist voll.	_____
der Platz, Plätze	Er hat keinen Platz.	_____
runterfahren, er fährt runter	Sie fahren die Piste runter.	_____
scheinen	Die Sonne scheint.	_____
der Skifahrer, -	Es gab wenige Skifahrer.	_____
hinfallen, er fällt hin	Er ist hingefallen.	_____
beschreiben	Beschreib das Bild.	_____
das Jugendzentrum, - zentren	Wir waren in einem Jugendzentrum.	_____
intensiv	Er hat intensiv gelernt.	_____
die Wanderung, -en		_____
anrufen, ich rufe an,	Ich habe meine Tante angerufen und sie hat mich abgeholt.	_____
abholen, ich hole ab		_____
Glück haben	Er hat Glück gehabt.	_____

Modul 6 **Lektion 1**

Wo ist denn hier ...?

1 Bau Sätze.

Schreib ganze Sätze wie im Beispiel.

Tina Stefan Herr und Frau Weigel	ist sind steht stehen sitzt sitzen	vor in an neben	dem der	Eisdiele. Café. Kino. Haltestelle. Auto. Goethestraße. Telefonzelle. Bahnhof.

Herr und Frau Weigel stehen an der Haltestelle.

_____

_____

_____

_____

_____

_____

_____

2 *Stehen* oder *sitzen*?

Tina _____ im Café.

Tina _____ vor dem Kino.

Tina _____ im Garten.

Tina _____ an der Haltestelle.

Stefan _____ im Auto.

Stefan _____ neben dem Auto.

❸ *der* oder *dem*? Ergänze.

1. Wir treffen uns vor _____ Kino.

2. Wir treffen uns in _____ (= im) Café.

3. Wir treffen uns in _____ (= _____) Mediamarkt.

4. Wir treffen uns vor _____ Museum.

5. Wir treffen uns in _____ Schule.

6. Wir treffen uns in _____ (= _____) Park.

7. Wir treffen uns vor _____ Buchhandlung.

8. Wir treffen uns vor _____ Kirche.

❹ *in, vor, an, hinter, neben*? — Ergänze auch den Artikel.

Benutze den Stadtplan auf Seite 96 im Kursbuch.

1. Wo liegt das Café „Basar"? _____ d_____ Schule.

2. Wo liegt das Kaufhaus? _____ d_____ St. Georg-Kirche.

3. Wo liegt das Gymnasium? _____ d_____ Stephansplatz.

4. Wo ist die Pizzeria? _____ d_____ Sebastianstraße.

5. Wo ist die Eisdiele? _____ d_____ Kino.

6. Wo liegt die Apotheke? _____ d_____ Hotel.

7. Wo ist der Mediamarkt? _____ d_____ St. Georg-Kirche.

8. Wo liegt der Blumenladen? _____ d_____ Konditorei.

❺ **Wo ist denn hier eine Telefonzelle?**

in der Fischerstraße _____

_____

6 Was passt zusammen?

1. Wo liegt die Bank?
2. Liegt das City-Hotel vor der Post?
3. Gibt es hier eine Pizzeria?
4. Wo ist Stefan?
5. Treffen wir uns im Café?
6. Wo ist das Rathaus?

a. Ja, in der Sebastianstraße.
b. Am Rathausplatz.
c. Neben der Sprachschule.
d. Nein, vor der Apotheke.
e. Er sitzt im Park.
f. Nein, im Mediamarkt.

7 Ergänze: *vor* oder *in*?

1. Wo essen wir? (Pizzeria)   *Natürlich in der Pizzeria!*
2. Wo parkst du das Auto? (Parkhaus)
3. Wo lernst du Englisch? (Sprachschule)
4. Wo ist ein Taxi? (Kino)
5. Wo triffst du deine Freunde? (Mediamarkt)
6. Wo ist eine Telefonzelle? (Hotel)
7. Wo machst du Gymnastik? (Park)

8 Ergänze die Tabelle.

	wissen
ich	weiss
du	weisst
er, sie, es	weiss
wir	wissen
ihr	wisst
sie	wissen
Sie	wissen

9 Ergänze die richtige Form von *wissen*.

1. Wo ist das Astra-Kino? – Das ___weiss___ ich nicht.
2. Wir ___wissen___ nicht, wo das Café „Basar" ist.
3. Du ___weisst___ bestimmt, wo die Post ist, nicht wahr?
4. Herr Meier, ___wissen___ Sie, wo das City-Hotel ist?
5. Wo ist die Apotheke? ___weisst___ du das?

❿ **Wo treffen wir uns? Hör zu und füll die Tabelle aus.**

	1.	2.	3.
Treffpunkt?			
Wo ist das?			
Um wie viel Uhr?			

⓫ **Was kann man hier kaufen?**

1. In <u>dem</u> (*Im*) Gemüsegeschäft kann man <u>Obst und Gemüse</u> kaufen.

2. In _____ Bäckerei kann man _____ kaufen.

3. In _____ Buchhandlung kann man _____ kaufen.

4. In _____ (_____) Bioladen kann man _____ kaufen.

5. In _____ Metzgerei kann man _____ kaufen.

6. In _____ (_____) Supermarkt kann man _____ kaufen.

⓬ **Frau Weigel hat überall etwas liegen lassen.**

die Tasche	das Kaufhaus
das Brot	die Bäckerei
die Eier	der Bioladen
der Salat	der Supermarkt
der Käse	die Konditorei
der Kuchen	das Gemüsegeschäft
die Zeitung	die Buchhandlung
die Äpfel	die Metzgerei

1. <u>Frau Weigel hat den Kuchen im Gemüsegeschäft liegen lassen.</u>

2. *Das Brot* .

3. _____

4. _____

5. _____

6. _____

7. _____

8. _____

⑬ Plätze in der Stadt.

Lies den Text.

Eine Stadt braucht Plätze. Sie machen die Stadt lebendig.
Auf dem Platz kann man Leute treffen, sich unterhalten,
in der Sonne sitzen, Zeitung lesen …
In fast allen deutschen Städten gibt es einen oder mehrere Marktplätze.
Hier findet wöchentlich ein Markt statt. Man kann Obst, Gemüse, Blumen,
Käse, Wurst usw. kaufen.
Manchmal sieht man auf den Plätzen Straßenmusikanten. Sie geben ein
kleines Konzert und die Leute hören gern zu.
Plätze sind gut für Feste: Stadtteilfeste, Weinfeste …
Es gibt natürlich auch viele Cafés, wo man sich bei Kaffee und Kuchen ausruhen,
mit Eis oder einer Cola erfrischen kann.

Was ist richtig (R)? Was ist falsch (F)? Kreuz an.

	R	F
1. Plätze sind für eine Stadt sehr wichtig.	☒	☐
2. Auf den Plätzen kann man auch Fußball spielen.	☐	☒
3. Plätze sind ein idealer Treffpunkt.	☒	☐
4. Fast jede deutsche Stadt hat einen Marktplatz.	☒	☐
5. Straßenmusikanten spielen nicht gern auf den Plätzen.	☐	☒
6. Auf den Plätzen finden Stadtteilfeste statt.	☒	☐
7. An den Plätzen gibt es viele Cafés.	☒	☐

⑭ Bau Sätze.

1. Mediamarkt · liegen · Buchhandlung · neben

2. Apotheke · Kaiserstraße · sein

3. Kino · liegen · Supermarkt · neben

4. Blumenladen · liegen · neben · Kaufhaus

5. Café · Marktplatz · liegen · an

6. in · wir · treffen · Café „Basar" · uns

7. Cafés · Fußgängerzone · gibt · in · es

[handschriftliche Antworten:]
Der Media markt liegt neben
Die Apotheke mest in der t
Das Kino liegt neben dem
Der Blumenladen liegt neben dem
Das Café liegt am Markt
Treffen wir uns in Cafe
in der Fussgänger Zone gi

15 **Stell Fragen.**

1. Wo sind die Musikanten ? – In der Jakoberstraße.
2. Wo ist der Blumenladen ? – Neben dem Kaufhaus.
3. Wo kann man CD's kaufen ? – Im Mediamarkt.
4. Wo gibt es Bioware ? – Im Bioladen.
5. Wo treffen wir uns ? – Ja, vor dem Kino.
6. Wo kauft man Brot, ? – In der Bäckerei oder im Supermarkt.

16 **sich treffen: *uns* oder *sich*?**

1. Wo wollen wir _uns_ treffen?
2. Treffen wir _uns_ doch um 5 Uhr bei Markus!
3. Markus und seine Freunde treffen _sich_ zum Fernsehen.
4. Tina trifft _sich_ mit ihrer Freundin in der Stadt.
5. Die Weigels und die Martinez haben _sich_ im Urlaub zufällig an der Algarve getroffen.

17 **Partyvorbereitungen zu zweit**

Ines gibt eine Grillparty im Garten. Auf einem Zettel hat sie aufgeschrieben, was sie braucht. Fehlt noch etwas?

Du hilfst Ines bei den Partyvorbereitungen. Wer kauft was wo? Spielt den Dialog.

Brot // Brötchen
Tomaten
Gurken
Grillfleisch
Würstchen
Kartoffeln
Käse
Mineralwasser
Cola
Obst
Chips
...

Ines: Also, ich gehe in die Bäckerei und kaufe ...
Ich kann auch noch ...

Und ich ...

Ines: ...

...

⓲ Richtig schreiben.

Was ist richtig? Was ist falsch? Streich die falschen Wörter durch.

~~der Bahnof~~	der Bahnhof ✓
die Haltestelle ✓	~~die Haltstelle~~
die Kirche ✓	~~die Kirsche~~
~~das Cino~~	das Kino ✓
das Café ✓	~~das Caffé~~
~~der Kaffe~~ ✓	der Kaffee ✓
~~das Teater~~	das Theater ✓
das Restaurant ✓	~~das Restorant~~
~~die Ekke~~	die Ecke ✓
~~der Fussgänger~~ ✓	der Fußgänger ✓

⓳ Hier fehlt etwas: ß oder ss?

- Peter, weißt du, wo Mario wohnt?
- Nein, ich weiß es auch nicht, aber sicher wissen es seine Freunde.
- Hallo, Stefan, hallo Boris, wisst ihr, wo Markus wohnt?
- Leider wissen wir es auch nicht, fragen wir mal unsere Lehrerin,

  Frau Schröder: Frau Schröder, wissen Sie, wo Mario wohnt?
- Ja, natürlich habe ich seine Adresse: Er wohnt in der Langerstraße, Nummer 15.
- Aha, in der Lange Gasse.
- Nein, nicht in der Lange Gasse, in der Langerstraße.

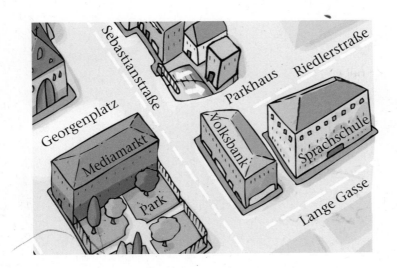

Lektion₂ *Hast du Lust,*
ins Kino zu gehen?

❶ Keine Zeit, keine Lust.

Antworte wie im Beispiel.

● *Kommst du mit in die Eisdiele?*
● *Tut mir leid, ich habe keine Zeit / keine Lust, in die Eisdiele zu kommen.*

1. Kommst du mit in den Park? _Tut mir lid ich habe keine zeit_ ✓

2. Kommst du mit in die Turnhalle? _Keine lust in die Turnhalle zu kommen_ ✓

3. Kommst du mit in die Stadt? _Tut mir leid ich habe keine Zeit_ ✓

4. Kommst du mit ins Kino? _Keine lust ins die Kino zu kommen_ ✓

5. Kommst du mit in den Supermarkt? _Tut mir lid habe keine Zeit_ ✓

brav ✓

1/2 richtig, Sätze müssen vollständig sein

❷ Ergänze frei.

1. Hast du Lust, _ins Kino zu kommen._ ✓ ?

2. Stefan, hast du Zeit, _ins Supmarkt zu kommen_ ✓ ?

3. Frau Weigel, haben Sie Lust, _ins Park zu kommen_ ✓ ?

4. Hat Tina Zeit, _mit mir zu den Stadt zu kommen_ ✓ ?

5. Mutti, hast du Lust, _zu den Supmarkt zu ghen_ ✓ ?

6. Vati, hast du Zeit, _ins Eisdiele zu kommen_ ✓ ?

❸ Eine Einladung.

Bernd möchte mit Isabel ausgehen, aber ...

1. Wohin möchte Bernd mit Isabel gehen? Kreuz an.

❏ Ins Kino. ❏ Ins Schwimmbad. ☑ In die Eisdiele.

❏ Ins Restaurant. ❏ In die Stadt. ❏ In den Park.

2. Was antwortet Isabel?

Sie hat keine Zeit, _mit Bernd ein Eis essen zu gehen._

Sie hat keine Lust, _Bernd ins schwimbad zu kommen._

3. Wie endet das Gespräch? _Das Gespräch endet mit der Trennung von Bernd und Isabel._

4 *Wo oder wohin?*

Ergänze die Fragen, kreuz die richtigen Antworten an.

Fragen

1. __Wo__ lernst du Englisch?
2. __Wohin__ gehen wir heute Abend?
3. __Wo__ , essen wir heute?
4. __Wohin__ geht Tina um 18.00 Uhr?
5. __Wo__ wohnt Familie Meier?
6. __Wo__ kauft man Briefmarken?

Antworten

☑ In der Sprachschule.   ☐ In die Sprachschule.
☐ Im Theater.   ☑ Ins Theater.
☑ Im Restaurant.   ☐ Ins Restaurant.
☐ In der Turnhalle.   ☑ In die Turnhalle.
☑ Im Stadtzentrum.   ☐ Ins Stadtzentrum.
☐ Auf die Post.   ☑ Auf der Post.

5 **Wo? Wohin?**

Schreib die Ausdrücke in die richtige Spalte.

ins Restaurant – auf der Bank – im Park – in die Apotheke – in den Supermarkt

in der Disko – im Kaufhaus – auf die Post – im Tennisclub – im Theater – in die Disko

in die Schule – in die Konditorei – ins Café – in der Stadt

Wo?	Wohin?
ins Restaurant	auf Bank
im Park	auf die post
in Apotheke	im Tennisclub
in den supermarkt	im theater
in der Disko	in die Disko
in Kaufhaus	in die Konditorei
in die schule	in die Stadt
ins cafe	

6 **Antworte.**

Ergänze die Präpositionen und den Artikel.

1. Wohin gehen wir heute Abend? __in__ d __as__ (= __ins__) Kino.
2. Wo treffen wir uns? __in__ d __ie__ Eisdiele. der
3. Wo machst du Gymnastik? __in__ d __er__ Turnhalle.
4. Wohin geht Stefan? __in__ d __en__ Park.
5. Wo kauft Frau Weigel Gemüse? __in__ d __em__ (= __im__) Bioladen.
6. Wo lernt Tina Spanisch? __in__ d __er__ Sprachschule.
7. Wohin gehst du so schnell? __aus__ d __ie__ Post.
8. Wo kaufst du Medikamente? __in__ d __ie__ Apotheke. der

7 Dialogpuzzle.

Schreib den Dialog in der richtigen Reihenfolge.

O.k. Gehen wir ins Café Bräuner!   Wo denn?

In die Eisdiele Kranz gehe ich nicht so gern. Da ist es immer so voll.

Hallo Klaus, hast du Lust, mit mir Eis essen zu gehen?

Wohin gehen wir dann?   In der Eisdiele Kranz.

Ins Café Bräuner. Da gibt es auch gutes Eis. Und Kuchen!

_____

_____

_____

_____

_____

_____

Spielt den Dialog.

8 Spielt Dialoge wie in Übung 7.

Computer kaufen ——— Mediamarkt?
                 \——— Kaufhaus

Gemüse ——— Bioladen?
       \——— Supermarkt

joggen ——— Park?
       \——— Sportplatz

essen ——— Restaurant?
      \——— Wurstbude

9 **Wie komme ich zum ... / zur ...?**

Schreib die Wörter in die richtige Spalte.

St. Anna-Kirche – Volkstheater – Post – City-Hotel – Stephansplatz – Commerzbank
Stadtmuseum – Bahnhof – Pizzeria – Parkhaus

zum	zur

10 **Taxi, bitte!**

Was sagst du zum Taxifahrer?

der Dom   *Zum Dom, bitte!*

1. die Frauenkirche   _____

2. das Stadtmuseum   _____

3. die Post   _____

4. der Bahnhof   _____

5. das City-Hotel   _____

6. die Eisdiele „Venezia"   _____

7. das Rathaus   _____

8. die Sprachschule   _____

9. das Stadttheater   _____

11 **Zu wem möchtest du?**

1. der Direktor   *Zum Direktor, bitte!*

2. Herr Ohlsen   *Herrn*

3. Frau Böhler   _____

4. meine Freundin   _____

⓬ Wegbeschreibung: Welche ist richtig?

Hans, Peter und Monika sind in der Stadt. Sie wollen zur Post und fragen drei Personen:
eine Frau, einen Mann, ein Mädchen.
Welche Wegbeschreibung ist richtig?

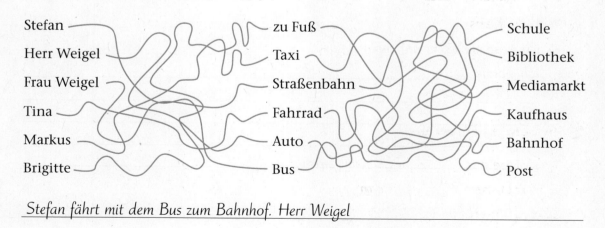

Frau: Also, du gehst zunächst geradeaus bis zur zweiten Kreuzung. Dann rechts.
Immer geradeaus und am Ende der Straße wieder rechts.

Mann: Immer geradeaus. An der ersten Kreuzung rechts. Dann links. Dann gehst du
geradeaus bis zur Kreuzung und auf der rechten Seite siehst du die Post.

Mädchen: Du gehst geradeaus bis zur ersten Kreuzung. Dann gehst du links. Dann nimmst
du die erste Straße rechts. Immer geradeaus. Auf der linken Seite ist die Post.

⓭ Schreib Sätze wie im Beispiel.

Stefan	zu Fuß	Schule
Herr Weigel	Taxi	Bibliothek
Frau Weigel	Straßenbahn	Mediamarkt
Tina	Fahrrad	Kaufhaus
Markus	Auto	Bahnhof
Brigitte	Bus	Post

Stefan fährt mit dem Bus zum Bahnhof. Herr Weigel

⑭ Soll ich mit dem Taxi fahren?

Schreib Minidialoge wie im Beispiel.

der Bus – das Taxi

● *Soll ich mit dem Bus fahren?*

● *Nein, du fährst am besten mit dem Taxi.*

1. das Auto – der Zug

● _____

● _____

2. der Bus – die U-Bahn

● _____

● _____

3. die Straßenbahn – das Fahrrad

● _____

● _____

⑮ Klassenbesuch

Du hast den Fuß gebrochen und musst zu Hause bleiben. Deine Klassenkameraden wollen dich besuchen.

Beschreib den Weg von der Schule zu dir nach Hause. Du kannst auch eine Zeichnung dazu machen.

Liebe Klasse,
ich freue mich sehr auf euren Besuch.
Ich wohne _____
_____
_____
_____
_____

16 **Stell Fragen.**

1. _____? – Nein, ich habe keine Lust.

2. _____? – Tut mir leid, ich habe keine Zeit.

3. _____? – Gehen wir ins Kino.

4. _____? – Auf der Post.

5. _____? – Immer geradeaus, dann links.

6. _____? – Am besten mit dem Taxi.

17 **Was sagst du?**

Zu Martin: Du möchtest ihn auf dem Domplatz treffen.

_____

Zu Anna: Sie soll mit dir ins Kino gehen, du willst den Film „Harry Potter und die Kammer des Schreckens" sehen.

_____

Zu deiner Mutter: Du hast Kopfschmerzen und möchtest heute nicht in die Schule gehen.

_____

Olaf möchte mit dir ein Eis essen gehen. Aber du hast keine Zeit.

_____

Zu deinem Vater: Du brauchst einen neuen Computer, er soll mit dir zum Mediamarkt gehen.

_____

Du fragst einen Passanten nach dem Weg zum Bahnhof.

_____

Ein Passant fragt dich: Wie komme ich zum Fußballstadion? Du: ... Bus 14 A oder ...

_____

18 **Hier fehlt etwas:** *ei* oder *ie*, *eu* oder *au?*

● Verdammt h___ß h___te! Wo kann man h___r ein ___s k___fen?

● ___s am Stiel bekommst du in der Bäcker___ in der H___ptstraße. Wenn du ein bisschen Z___t hast, dann geh l___ber in die ___sd___le „Capri". Sie l___gt gleich neben dem K___fh___s Müller. Dort gibt es das beste ___s in der ganzen Stadt.

Lies den Dialog mit deinem Partner vor.

Modul 6 **Lektion₃**

Ordnung muss sein!

❶ Wohin legst du die Tasche?

Hausaufgaben

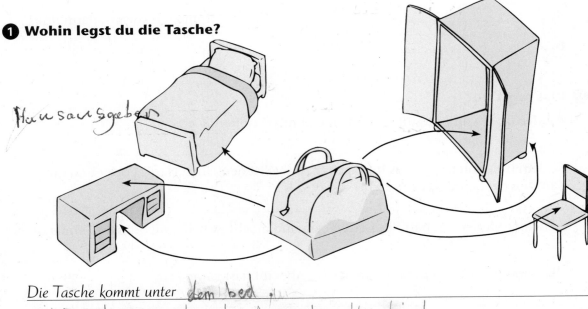

Die Tasche kommt unter *dem bed.*

Die Tasche kommt unter dem abendén tisch.

Die Tasche liegt auf dem Zuchn.

❷ Schreib Minidialoge wie im Beispiel. *Hausaufgaben*

der Drucker – der Computer

● *Herr Sollers hat einen Drucker gekauft.*

● *Und wohin hat er ihn gestellt?*

● *Neben den Computer.*

1. der Roller – der Schrank

● *Herr Soller hat einen roller gekauft*

● *Und wohin hat er ihn gestellt?*

● *Neben den Schrank*

2. der CD-Player – das Regal

● *Herr Soller hat eine co-player gekast*

● *und wohin hat er ihn gestellt?*

● *Neben das regal*

3. die Lampe – die Kommode   *Hausaufgaben*
- _Her Soller hat einen Lampe gekauft_
- _und wohin hat er ihr gestellt ?_
- _Neben die Kommode._

4. der Schreibtisch – das Fenster
- _Herr Soller hat einen Schreibtisch_
- _und wohin hat er ihn gestellt_
- _Neben das Fenster_

5. der Fernseher – der CD-Player
- _Herr Soller hat einen Fernseher gekauft_
- _und wohin hat er ihn gestellt_
- _Neben der CD-Player_

❸ Wohin legst du die Bücher?

Ergänze Präpositionen und Artikel.   *Hornbook*

Ich lege sie

_____ d_____ Tisch, _____ d_____ Bücherschrank, _____ d_____ Schreibtisch,

_____ d_____ Regal, _____ d_____ Computer, _____ d_____ Schublade.

❹ So eine Unordnung!

Wo ist was?   *Homework*

_____

_____

_____

_____

_____

_____

_____

_____

_____

5 **Schreib Minidialoge wie im Beispiel.**

Pullover ? – Stuhl: auf / der Schrank: in

● *Wo ist mein Pullover?*
● *Auf dem Stuhl.*
● *Nein, da ist er nicht.*
● *Dann liegt er im Schrank.*

1. Roller? – Schrank: hinter / Bett: unter

● Wo ist mein Roller?
● Auf dem Schrank.
● Nein da ist er nichtEht.
● Dann liegt er unter das Bett.

2. CD? – Schublade: in / Computer: neben

● Wo ist meine CD?
● In die Schublade.
● Nein, da ist er nicht.
● Dann liegt sie neben dem Computer,

3. Tennisschuhe? – der Schrank: in / Schreibtisch: unter

● Wo sint meine Tennisschuhe?
● Auf dem Schrank.
● Nein da sint die nicht.
● Dann liegt die unter der schreiblich.

4. Deutschbuch? – Regal: auf? / Schultasche: in

● Wo ist mein Deutschbuch?
● Auf dem Regal.
● Nein da ist es nicht.
● Dann liegt es in der schultasche.

Oneday amar Did & furt!

6 Wo steht / liegt / sitzt Monika?

1. Sie _steht_
neben dem schrank / neben der schrank

2. _Sie steht_
unter dem tisch

3. _sie sitzt_
unter dem tisch

4. _sie sitzt_
auf dem tisch

5. _sie lest_
hinter der schreibtisch

6. _sie liegt_
auf dem bett

7. _sie sitzt_
auf dem bett

8. _sie sitzt_
aus einem stuhl und kuck aus ein fenster

7 Wer sitzt *vor, neben, zwischen* …?

Notier die Namen.

Er sitzt am Fenster. Hinter ihm sitzt Karl.
Das ist *Hans*.

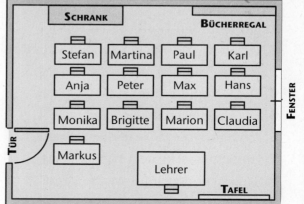

1. Sie sitzt zwischen Brigitte und
Claudia. Vor ihr sitzt der Lehrer.
 Marion

2. Er sitzt neben Martina. Hinter ihm
steht der Schrank. Vor ihm sitzt Anja.
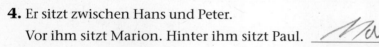 Stefan

3. Sie sitzt zwischen Marion und dem Fenster.
Vor ihr, an der Wand, hängt die Tafel. _Claudia_

4. Er sitzt zwischen Hans und Peter.
Vor ihm sitzt Marion. Hinter ihm sitzt Paul. _Max_

5. Sie sitzt neben der Tür. Vor ihr sitzt Markus. _Monika_

6. Er sitzt hinter Hans. Hinter ihm steht das Bücherregal. _Karl_

8 *legen* oder *liegen*? – Akkusativ oder Dativ?

1. Marion __legt__ das Buch auf __den__ Nachttisch.
2. Wohin willst du die CDs __legen__? In d__ie__ Schublade?
3. Peter hat Fieber und __liegt__ in d_____ (_seinem_) Bett.
4. Der Teppich __liegt__ vor d__er__ Tür.
5. Dein Pullover __liegt__ auf d__em__ Stuhl.
6. Ich bin müde, ich __lege__ mich in d__as__ (_mein_) Bett.

9 *stellen* oder *stehen*? – Akkusativ oder Dativ?

1. Ich __stelle__ die Dose neben d__en__ Computer.
2. Der Computer __steht__ auf d__em__ Schreibtisch.
3. Stefan __stellt__ seine Tennisschuhe unter d__as__ Bett.
4. Markus __stellt__ den Roller hinter d__en__ Schrank.
5. Der Schreibtisch __steht__ vor d__em__ Fenster.
6. Der CD-Player __steht__ auf d__em__ Regal.

10 Welche Sätze gehören wohin?

Schreib die Nummern in die richtige Spalte.

1. Ich stelle den Tisch vor das Fenster.
2. Stefan legt die Bücher auf den Schreibtisch.
3. Ich liege im Bett.
4. Der Computer steht auf dem Tisch.
5. Die CDs liegen in der Schublade.
6. Ich hänge die Jacke in den Schrank.
7. Die Schultasche liegt vor dem Bett.
8. Tina stellt den Stuhl an die Wand.
9. Stefan sitzt vor dem Fernseher.

Wo?	Wohin?

⓫ Wohin? – Wo?

Schreib Minidialoge wie in den Beispielen.

Wohin – Vase? → Tisch

- *Wohin soll ich die Vase stellen?*
- *Stell sie auf den Tisch.*

Wo – Vase? → Tisch

- *Wo steht die Vase?*
- *Sie steht auf dem Tisch.*

1. Wohin – Computer? → Schreibtisch

- _____
- _____

2. Wo – Schuhe? → Bett

- _____
- _____

3. Wo – CDs? → Schublade

- _____
- _____

4. Wohin – Pullover? → Schrank

- _____
- _____

5. Wohin – Stuhl? → Wand

- _____
- _____

⓬ Wie richtet Monika ihr Zimmer ein?

Hör zu und male die Möbel in den Plan.

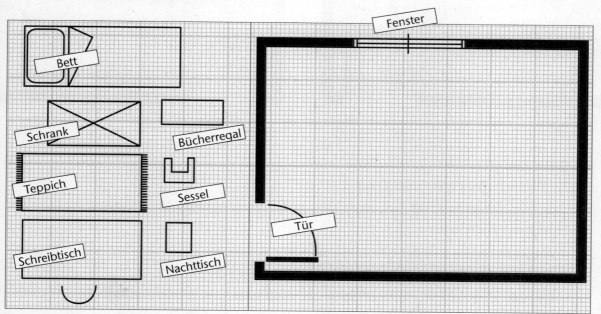

⓭ Wo stehen die Möbel? Ein Spiel.

Hier sind zwei leere Zimmer. Das eine ist dein Zimmer, das andere das Zimmer eines Klassenkameraden von dir. Aber wo sind die Möbel? Zeichne die Möbel in dein Zimmer ein. (Stimmen die Fenster?) Setz dich dann neben deinen Klassenkameraden. Beschreibt euch gegenseitig, wie eure Zimmer aussehen, und zeichnet nach der Beschreibung. Wenn ihr fertig seid, vergleicht die Zeichnungen mit dem Original.

Mein Zimmer   Das Zimmer von _____

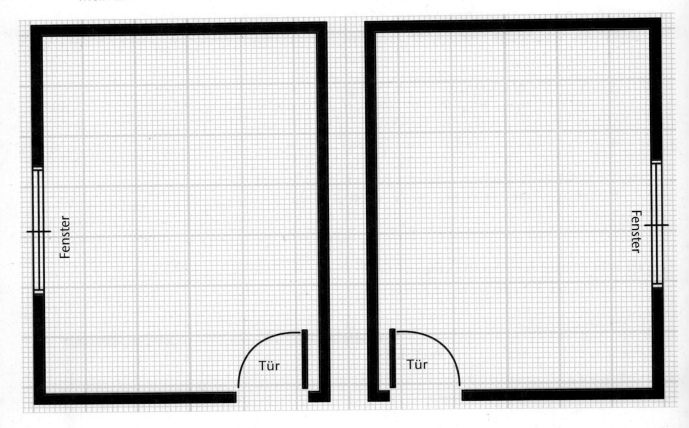

⓮ Dein Zimmer.

Erzähl noch mehr über dein Zimmer:

– Hast du ein Zimmer für dich allein oder musst du es mit deiner Schwester / deinem Bruder teilen?

– Wie ist es? (groß / klein / gemütlich /modern / ...)

– Bist du gern in deinem Zimmer? Was machst du dort?

– Schließt du manchmal die Tür ab? Wann? Warum?

– Besuchen dich deine Freunde in deinem Zimmer?

– ...

⓯ Wohin kommen die Geschenke?

Zu deinem Geburtstag hast du viele Geschenke bekommen. Aber dein Zimmer ist schon ziemlich voll.

Dein Freund / Deine Freundin hilft dir, die Geschenke aufzuräumen.
Spielt das Gespräch.

Beispiel:

● *Wohin kommen die CDs? Du hast schon so viele!*

● *Leg sie ganz oben aufs Regal.*

> Die Geschenke:
>
> 3 CDs, 5 Bücher, 1 neue Schultasche, 1 Paar Schuhe, 2 Schachteln Pralinen,
> 3 Paar Ohrringe, 1 Aquarium mit Fischen, 2 Videospiele, 1 Vase, Inlineskates, ...

⓰ Welches Verb passt?

Schreib die Verben in der richtigen Form in die Lücken.

stehen – schlafen – hören – hängen – verbringen – surfen – stören –

machen – gefallen – liegen – treffen – wohnen

Markus erzählt:

Wir _____ in einem Reihenhaus und mein Zimmer ist oben im ersten Stock.

Ich _____ viel Zeit in meinem Zimmer: Ich _____, _____ Hausaufgaben,

_____ Musik, _____ im Internet.

Mein Zimmer _____ mir sehr. Darin _____ ein Bett, ein Bücherregal,

ein Schreibtisch, ein Sessel, ein Kleiderschrank und eine große Spielzeugkiste.

Die Spielzeugkiste _____ mich: Sie muss weg!

Im Bücherregal _____ nicht nur Bücher, sondern auch meine Comichefte.

Im Schrank _____ nicht nur meine Kleider, sondern auch Klamotten von meiner

Mutter. In meinem Zimmer _____ ich mich mit meinen Freunden.

17 **Stell Fragen.**

1. _____?

 Er steht auf dem Schreibtisch.

2. _____?

 Ich lege sie ins Bücherregal.

3. _____?

 Ich stelle ihn neben den Fernseher.

4. _____?

 Er sitzt vor dem Fernseher.

5. _____?

 Sie sind unter dem Bett.

6. _____?

 Das Poster kommt an die Wand über dem Bett.

7. _____?

 Die hänge ich in den Kleiderschrank.

18 **Kreuzworträtsel.**

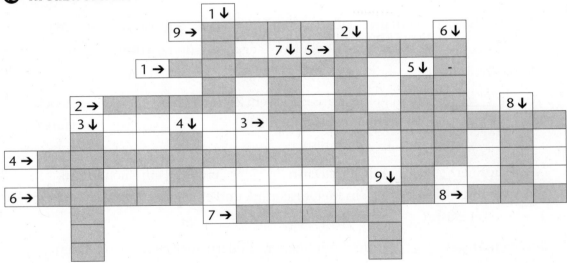

Waagrecht:
1. Es ist kein Tier, sondern ein ...
2. Jeder hat zwei, hier ist es eine.
3. Sie sind immer zwei.
4. Du hast es nur einmal im Jahr.
5. Äpfel, Birnen, Bananen sind: ...
6. Die Sonne gibt es jeden Tag.
7. Du hast sie im Mund.
8. nur für Fußgänger
9. Du hast es für die Schulstunden.

Senkrecht:
1. Es hat vier Beine.
2. Nicht nur Mädchen und Frauen tragen es.
3. Darin sind Augen, Nase, Mund.
4. Du bist krank: Du brauchst ihn.
5. Ein Kind braucht 2500 pro Tag.
6. Kleidungsstück für den Sommer
7. Pfeffer und ...
8. kleine Straße
9. Damit kann man einkaufen.

(Die Lösung findest du auf Seite 96.)

Wortschatz Modul 6 (Lektion 1–3)

Hier findest du die Einzelwörter und die Sätze aus den Lektionen Seite für Seite (Sg. = nur Singular, Pl. = nur Plural). Hier findest du auch die Betonungszeichen für den Wortakzent: stehen = betonter, langer Vokal, Wạnd = betonter kurzer Vokal. Die unregelmäßigen Verben sind hervorgehoben. Ganz links findest du die Seitenzahl im Kursbuch. Schreib die Übersetzung in die rechte Spalte.

Lektion 1:

Seite	Wort	Satz	Übersetzung
93	das Stạdtviertel, -		
	die Wạnd, Wạ̈nde	Mein Stadtviertel, meine vier Wände ...	_____
94	das Cafẹ́, -s	Tina sitzt im Café.	_____
	die Hạltestelle, -n	Das ist eine Bushaltestelle.	_____
95	die Ẹisdiele, -n	Hier kann man Eis kaufen.	_____
	vọr + Dat. / Akk.		_____
	stehen	Stefan steht vor der Eisdiele.	_____
	die Telefọnzelle, -n	Er telefoniert in der Telefonzelle.	_____
	nẹben + Dat. / Akk.	Wer steht neben dem Auto?	_____
96	/die Konditorẹi, -en		_____
97	ịn + Dat. / Akk.	Pralinen gibt es in der Konditorei.	_____
	die Apothẹke, -n	Kauf Tabletten in der Apotheke!	_____
	der Blụmenladen, -läden	Hier gibt es Blumen.	_____
	die Bạ̈ckerei, -en	Brot kauft man in der Bäckerei.	_____
	der Mẹdiamarkt, -märkte	Computer gibt's im Mediamarkt.	_____
	das Musẹum, Musẹen		_____
	das Kạufhaus, -häuser		_____
	hịnter + Dat. / Akk.	Das Kaufhaus ist hinter der Kirche.	_____
	das Pạrkhaus, -häuser	Das Auto fährt ins Parkhaus.	_____
	die Pọst (Sg.)	Die Post ist neben dem Kino.	_____
	die Bụchhandlung, -en		_____

die Pizzeria, -en

(sich) treffen, wir treffen uns — Wir treffen uns um fünf in der Pizzeria.

die Gasse, -n — Sie wohnt in der Lange Gasse.

der Stadtplan, -pläne — Schau den Stadtplan an.

die Disko, -s — Gibt es hier eine Disko?

98 das Gymnasium, Gymnasien — Tina geht aufs Gymnasium.

wissen, ich weiß, er weiß — Ich weiß nicht, wie sie heißt?

99 das Gespräch, -e

stattfinden, es findet statt — Wo findet das Gespräch statt?

die Boutique, -n

das Sportgeschäft, -e

normalerweise

einkaufen, er kauft ein — Wo kaufen Sie normalerweise ein? –

die Ecke, -n — In der Bäckerei um die Ecke.

der Markt, Märkte

das Gemüsegeschäft, -e — Obst kaufe ich auf dem Markt oder im Gemüsegeschäft.

die Metzgerei, -en

heutzutage

wichtig — Das ist heutzutage wichtig.

100 die Kleidung (Sg.)

der Supermarkt, -märkte

der Bioladen, -läden — Ich gehe nie in den Supermarkt, ich kaufe im Bioladen ein.

101 das Medikament, -e — Medikamente gibt es in der Apotheke.

102 die Fußgängerzone, -n

fast

d.h. = das heißt

ohne + Akkusativ   Fast alle deutschen Städte haben eine Fußgängerzone, das heißt: eine Zone ohne Autos, nur für Fußgänger. _____

der Autoverkehr (Sg.) _____

verboten   Hier ist der Autoverkehr verboten. _____

der Radfahrer, - _____

absteigen, er steigt ab _____

schieben, er schiebt   Radfahrer müssen hier absteigen und das Rad schieben. _____

das Theater, -   Sie spielen Theater. _____

der Straßenkünstler, - _____

der Musikant, -en _____

der Maler, - _____

der Schauspieler, - _____

musizieren   Sie musizieren auf der Straße. _____

der Asphalt (Sg.)   Sie malen auf den Asphalt. _____

der Treffpunkt, -e _____

der Lieblingstreffpunkt, -e _____

die Arbeit (Sg.) _____

nach + Dativ   Nach der Arbeit trifft man sich in der Fußgängerzone. _____

das Souvenir, -s   Sie verkaufen Souvenirs. _____

das Konzert, -e   Sie geben Konzerte. _____

interviewen _____

der Passant, -en   Sie interviewen die Passanten. _____

Lektion 2:

104 die Lust (Sg.) _____

Lust haben _____

heute Abend   Hast du Lust, heute Abend mit mir ins Kino zu gehen? _____

die Idee, Ideen   Das ist eine gute Idee. _____

die Pizzeria, -ien _____

105 die Leute (Pl.)   Auf dem Marktplatz trifft man viele Leute. _____

tanzen   Sie tanzt gern. _____

abheben, er hebt ab _____

das Geld (Sg.)   Er muss auf die Bank, Geld abheben. _____

das Eis (Sg.)   Inge möchte ein Eis. _____

die Briefmarke, -n   Wo gibt es Briefmarken? _____

106 geradeaus _____

bis _____

die Kreuzung, -en _____

rechts   Gehen Sie immer geradeaus bis zur Kreuzung und dann rechts! _____

am besten _____

der Bus, -se   Du fährst am besten mit dem Bus. _____

links   Gehen Sie bis zum Stephansplatz, dann links! _____

107 entlang + Akkusativ   Gehen Sie die Straße entlang! _____

nach links   Er geht nach links. _____

über + Akk. / Dat.   Sie geht über die Straße. _____

überqueren   Überqueren Sie die Kreuzung. _____

der Stadtplan, -pläne   Schau auf den Stadtplan. _____

die Ampel, -n _____

108 der Passant, -en _____

der Hauptbahnhof, -höfe _____

das Rathaus, -häuser _____

der Dom, -e _____

von ... zu	Er will vom Dom zur Kirche gehen.	_____
der Weg, -e		_____
verfolgen	Verfolge den Weg auf dem Stadtplan.	_____
das Stadttheater, -		_____
die Universität, -en		_____
das Stadion, Stadien	das Fußballstadion	_____
der Marktplatz, -plätze		_____
das Taxi, -s	Taxi, bitte!	_____
die Straßenbahn, -en	Fahrt mit der Straßenbahn!	_____
die U-Bahn	Ich nehme die U-Bahn.	_____

Lektion 3:

110 unmöglich / unmöglich	Das ist unmöglich!	_____
aussehen, er sieht aus	Wie sieht es hier denn aus!	_____
die Ordnung (Sg.)	Mach bitte Ordnung!	_____
stellen	Ich stelle die Bücher auf das Regal.	_____
die Klamotten (Pl.)		_____
legen	Meine Klamotten lege ich in den Schrank.	_____
der Tennisschuh, -e		_____
unter + Akk./Dat.	Die Turnschuhe stelle ich unter das Bett.	_____
der Abfalleimer, -		_____
die Sorge, -n	Keine Sorge!	_____
111 die Schublade, -n		_____
die Kommode, -n		_____
der Nachttisch, -e		_____
der Schreibtisch, -e		_____
112 zufrieden	Bist du jetzt zufrieden?	_____

113 zwischen — Das Bett steht zwischen der Tür und dem Schrank.

das Deutschbuch, -bücher

114 einrichten, er richtet ein — Sie richtet das neue Zimmer ein.

endlich — Endlich ein Zimmer nur für sich!

sollen, ich soll, er soll — Wohin soll ich den Schreibtisch stellen?

das Fenster, - — Stell ihn vor das Fenster!

das Bücherregal, -e

der Teppich, -e

kommen

die Mitte (Sg.) — Der Teppich kommt in die Mitte des Zimmers.

das Poster, - — Wohin soll ich das Poster hängen? –

hängen — Häng es an die Wand über dem Bett.

hängen — Das Poster hängt jetzt an der Wand.

115 das Möbel, -

die Tür, -en

beschreiben — Beschreib dein Zimmer!

die Beschreibung, -en

116 der Kleiderschrank, -schränke — Häng die Kleider in den Kleiderschrank!

der Esstisch, -e

die Stehlampe, -n

der Kühlschrank, -schränke

der Elektroherd, -e

der Fernseher, -

der Sessel, -

117 überall / überall

liegen lassen — Tina lässt alles überall liegen.

der Gegenstand, -stände

118 das Reihenhaus, -häuser

oben

der Stock, -werke — Sie wohnen oben im ersten Stock.

dafür / dafür

hell — Das Zimmer ist nicht groß, aber dafür hell.

sowieso

genug — Ich habe sowieso genug Platz.

verbringen — Er verbringt viel Zeit in seinem Zimmer.

surfen — Er surft im Internet.

die Spielzeugkiste, -n

die Sicht (Sg.) — Die Sicht ist nicht gut.

der PC, -s — der Personalcomputer

das Comicheft, -e

drinnen (= darin)

altmodisch — Im Schrank drinnen hängen altmodische Kleider von meiner Mutter.

stören — Die Kiste stört mich.

weg — Sie muss weg!

die Spielsachen (Pl.) — In der Kiste sind alte Spielsachen.

die Art, -en — Mein Zimmer ist eine Art Treffpunkt.

teilen — Er teilt das Zimmer mit seinem Bruder.

fertig sein — Wann seid ihr fertig?

Lösung zum Kreuzworträtsel auf Seite 88:

```
                              1↓
                 9→  P   L   A   N   2↓                  6↓
                     F          7↓  5→  O   B   S   T
         1→  M   E   N   S   C   H          5↓  -
                     R           A   R          K   S
         2→  H   A   N   D       L   R          A   H          8↓
         3↓          4↓      3→  Z   W   I   L   L   I   N   G   E
             G           A           N          O   R          A
     4→  G   E   B   U   R   T   S   T   A   G   R   T          A   S
             S           Z               E   9↓  I              S
     6→  L   I   C   H   T                   G   E  8→  W   E   G
             C              7→  Z   Ä   H   N   E
             H                                   L
             T                                   D
```